50代女子の
リノベDIY

ポット女子DIY部 編著

はじめに

ポット女子DIY部は自然発生的にわいたものだ。書いたり編集することを生業にしている私たちが、いつの間にか、住まいも自分なりに編集したくなったという感じかもしれない。

それぞれが何か密やかな小さな手直しを、昔からやっていたのだと思うが、数年前から「今度一緒に手伝って」と声をかけ合うようになった。引っ越してリノベーションが必要になった、古くなったから変えてみたいという要望が一致して、一緒にやるリノベーション＋DIYが私たち3人の間でブームになった。

実のところ、プロのリフォーム会社や職人さんに頼んでしまえば簡単で楽である。でも、100％おまかせって面白くないよね、と意見も一致した。自分で住むところ、自分で使うところなのだから、完璧に上手にできている必要はない。自分の手を使い、手を入れる「住まい」は、人に任せては絶対に得られない格別な思いが生まれてくるとも思った。多少のことは気にせずにやってしまうという大ざっぱで大胆な気持ちと、ときに面倒臭がらないマメさの両方がDIYには大事だ。

しかし、私たちはすでに50代半ばに突入しようとしていて、気力はあるが体力がついていかないかも……と多少の不安もあった。でも、できないことはプロの知恵や手を借りてもいいんじゃないかと思いついた。そこで、プロの女子ガテン職人、左官士・金澤萌さんとDIYアドバイザー・細川麻衣さんの二人に師匠になってもらい、私たちのDIYがはじまった。

好奇心は若者並みだけど、体力の減退には逆らえない50代オトナ女子3人が、2年間自宅のリノベに取り組んだ、やってやれないことはない「リノベDIY」弟子入り奮闘記だ。

もくじ

002 はじめに
006 この本のDIYの考え方

Chapter 01 洗い出し 007

011 ここで使用する道具と材料
012 01 下準備
013 02 塗り
014 03 洗い出す
015 絵で見る洗い出しのポイント
016 表面をツルツルに仕上げる研ぎ出し
016 墨出しのやり方

Chapter 02 タイルを貼る 017

021 ここで使用する道具と材料
022 01 下準備
024 02 タイルを貼る
026 03 目地を入れて仕上げ
027 絵で見るタイル貼りのポイント
028 タイルのバリエーション 1
030 タイルのバリエーション 2
023 タイルの割り出し方
025 タイルの切り方
032 タイル面にビスでとめるワザ

Chapter 03　床板を貼る　033

- 037　ここで使用する道具と材料
- 038　01　貼る前の準備
- 040　02　床板を貼る
- 042　絵で見る床貼りのポイント
- 043　床貼りのバリエーション
- 039　床板と床貼りの手順
- 044　もったいない！活用術 1

Chapter 04　珪藻土を塗る　045

- 049　ここで使用する道具と材料
- 050　01　壁紙をはがして養生
- 052　02　下地を整える
- 054　03　珪藻土を塗る
- 056　04　珪藻土の塗り直し
- 057　絵で見る珪藻土塗りのポイント
- 058　珪藻土のバリエーション
- 051　コテ板の作り方
- 053　コテの種類と使い方
- 060　珪藻土の模様のつけ方

Chapter 05　ペンキを塗る　061

- 065　ここで使用する道具と材料
- 066　01　下地を整え、ペンキを塗る
- 068　絵で見るペンキ塗りのポイント
- 069　ペンキのバリエーション
- 072　もったいない！活用術 2

Chapter 06　木工・造り付け家具　073

- 077　ここで使用する道具と材料
- 078　01　設計図・木取り図を描く
- 080　02　本体を組み立てる
- 082　03　引き出しを組み立てる
- 084　04　塗装と設置
- 086　絵で見る造り付け家具のポイント
- 087　木工のバリエーション
- 083　木ダボで木ネジの頭を隠す
- 090　木材のこと

Chapter 07　DIYに役立つ道具　091

- 092　01　電動丸のこ
- 093　02　スライド丸のこ
- 094　03　ジグソー
- 095　04　差金
- 096　05　インパクトドライバー、ドライバードリル
- 097　06　木ネジ
- 097　壁とネジの使い分け

- 098　[鼎談] 50代からのDIY心得
- 108　用語解説
- 110　プロフィール

この本のDIYの考え方

この本は普通のDIYハウツー本ではない。女子DIY部と名乗っているが、私たちはまったくの素人だ。私たち3人の部員がプロの女子ガテン職人に要所要所の指導をうけ、自分たちの住まいに手を入れていった。言うならば、学びながらのDIY本だ。なので、失敗も隠さず披露している。こんなやり方でいいのかと思われるところもあるかもしれない。

DIYはプロの仕事とは違い、完璧に上手に仕上がらなくてもいい、と私たちは思う。想定通りにいかないことも良しとして、気楽に大胆にDIYに取り組んでいるのを見てもらい、こんなに大雑把にやってもなんとかなると感じていただければいい。

とはいえ、道具に助けてもらったことや、プロの女子ガテン職人に学んだ技や知恵もたくさんある。それらをコラムにまとめた。DIYをはじめる人の参考になればと思う。

プロと一緒にやるDIY——これが私たちの提案する新しいDo It Yourselfのやり方だ。

本文中の※がついている専門用語はP108〜の用語解説で説明しています。

Chapter 01
洗い出し

	●手順	
下準備	▶養生をする ▶墨出しをする ▶見切り板をつける ▶シーラーを塗る ▶ワイヤーメッシュをしく	
塗り	▶モルタルを作る ▶流し込む ▶モルタルをならす	
仕上げ	▶骨材の伏せ込み ▶表面の仕上げ ▶洗い出す ▶拭き取る	

コンクリート打ちっぱなしだった玄関のたたき。
13年も経つとシミやヒビも目立ってきた。
かねてから興味のあったあこがれの「洗い出し」にする事に決めた。
和風ではなく、家にあったビー玉や貝殻、
きれいなカラーストーンなどが浮き出るように、
遊び心を加えた洗い出しに挑戦した。

before

基本情報
［作業人数］師匠・金澤＋部員1人
［費用］合計10,860円
　セメント、矢作砂、MEJIストーンなど…8,700円
　見切り板、ラス網など…2,160円　※ビー玉やガラスの石は家にあったもの
［面積］1.5㎡
［かかった時間］5時間

洗い出しに惹かれて

「洗い出し※」という言葉を知っている人は少ないかもしれない。昔の和風の家の玄関のたたきには普通に使われていた施工方法だったらしい。コンクリート※の表面に玉砂利や小石などの頭が、ちょっと出ているお寺や神社のアプローチなどもそれ。

以前、和風モダンな知り合いの家を訪ねた時に、玄関前のアプローチの洗い出しにきゅっと心を掴まれた。水に濡れた黒石が美しかった。いつかうちの玄関も、洗い出しにしたいと思った。そもそもコンクリートむき出しのままの玄関にしておいたのは、いずれタイルを貼るとか手を加えたい……と思っていたからだった。

しかし、和風のたたきは我が家には合わない。そんな時、ビー玉が入っていた友達の店の洗い出しを思い出した。師匠に相談すると、「ガラスや石、貝殻などを入れる欧風テイストに仕上げることもできるんですよ」と教えられた。

そう、それだ! 我が家の子どもたちが小さいときに集めていたビー玉やガラスの石など、長い間眠っていた思い出をつめるのがいいかな。玄関を通るたびに、ふっと思い返す瞬間があるのも楽しい。

即決、そして実行に移した。

洗い出しの作業は、モルタル※に玉砂利や砕石などを混ぜて塗り、その表面にビー玉やガラスなど大きなものを入れこむ。モルタルが完全に乾かないうちに、表面のセメント※部分を水で洗い流すやり方。きれいに表面を拭き取ると、石の粒やビー玉、貝殻などが浮き出てきて、天然石のような豊かな表情が出てくるのが特徴。埋め込むビー玉や貝殻やガラスの石が、デザインの勝負どころになる。遊びもふんだんに盛り込めるということだ。しかも、強度的にも、モルタルだけのものに比べると優れているらしい。いいこと尽くめで気分もあがった。

タイミングがいのち

しかし、一番むずかしいのは、水で洗い出すタイミングを見極めることだった。「触ってへこまない、足でのっても跡がつかない、完全に乾く手前でやさしく水で洗っていくのがポイント」というプロのアドバイスなしでは、今!を見極めるのはむずかしかった。水で流していくと、埋めたビー玉やガラスの石の頭が出てきて、キラキラと存在感を主張してくる嬉しい瞬間がくる。お〜出てきてくれた! わざわざ埋め込んだ石を、洗って頭だけ出すという表現方法の奥深さに、素直に感動するのだ。一度やれば、根拠のない自信があふれる。次の現場はないか? 何度でもやりたくなる作業だった。

ここで使用する道具と材料

●基本の道具と材料

- ☐ **差金**(さしがね)
  使い方はP.095参照
- ☐ **水平器**
- ☐ **メタルメジャー**
- ☐ **マスキングテープ**

●道具

- ☐ **スポンジローラー**
  下地のコンクリートにシーラーを塗るのに使う
- ☐ **コテ**
  角ゴテ、仕上げゴテを用意。モルタルの表面を平らにしたり、角の仕上げに必要
- ☐ **撹拌機**
  セメントと砂利を混ぜ合わせるときに使う。ここでは師匠のモルタル用撹拌機を使用。電動ドリルの先に撹拌アタッチメントをつけてもいい。ない場合はシャベルを使い、手で混ぜ合わせる
- ☐ **バケツ**
  セメントと砂利などを混ぜ合わせるときに使う。大きな容器であれば何でもいい
- ☐ **ブラシ**
  コーナーなど狭い部分のモルタルをかき出す
- ☐ **雑巾・スポンジ**
  洗い出し時に水を拭き取るため
- ☐ **角材**
  4cm角材で長さ40cmほど。モルタルの表面を均一にならすために使う。板でも代用可能

●材料

- ☐ **水性ペイント**
  コンクリートの即面を塗るため(この現場に限って使用)
- ☐ **シーラー**
  下地のコンクリートに塗る吸水調整剤
- ☐ **セメント**
  モルタルを作るための材料
- ☐ **砂利**
  セメントと混ぜて、モルタルを作るために使う。今回は園芸用の矢作砂とMEJIストーンを使用
- ☐ **色粉**
  モルタルに混ぜて色をつける粉
- ☐ **貝殻・ガラスの石・ビー玉**
  モルタルに埋める骨材として使用。なんでも好きなものを用意
- ☐ **ワイヤーメッシュ**
  モルタルのひび割れ防止しく。今回はラス網でアレンジした
- ☐ **L字アルミ**
  たたきとドアとの見切り板として使う
- ☐ **コンクリートボンド**
  L字アルミを固定するため

▲コテ
▲スポンジローラー
▲マスキングテープ
▼差金
▲ブラシ
▲水平器
撹拌機▶

01 下準備

洗い出しは1日で終えたいと思い、モルタルを早く乾燥させるために、天気のよい日を選んで決行した。
「洗い出しを引き立てるために、コンクリートの壁面を茶色にペイントしたら?」そんな師匠のアドバイスで、壁面を二度塗りして紙やすりで擦ったら、まるで木材のように風合いがでて、なかなかいいではないか!
さて、いよいよ洗い出しの下準備に入る。キモは、モルタルを流す基準線を出す墨出し※だ。「玄関は水が流れるように勾配を出すのが基本」という師匠。たしかに、雨の日に傘からしたたる水がたまったら、玄関が台無しだ。
まずは水平器※で水平を出し、玄関の掃出し口に向かい10ミリ下る勾配線を引いていく。「このラインが隠れないようにモルタルを入れるんです」。水平器を使う、勾配を出す。下準備を怠らないことが、次の作業を楽にするし、仕上げを美しくすると教わった。

1 まずは洗い出しをかっこよく見せるために、コンクリート仕上げしていた側面をこげ茶色にペイント。

2 上がりかまちにモルタルを流し込む線(たたきから25ミリのところ)を引く。その線に添ってマスキングテープ※を貼った。

3 水がたまらないように、玄関ドアに向かって10ミリの勾配をつけた。2と3の工程は、水平器で水平線を出すのがポイント。

4 玄関口に、アルミL字の見切り※板をボンドでつける。ボンドがつかないように片面に貼ったテープをはがす。

5 床の掃除をしてきれいになったところで、ローラーでまんべんなくシーラー※を塗る。

6 モルタルのひび割れを防ぐために、ラス網※をしく。床面積より気持ち小さめにカットすると、きれいにおさまる。

02　塗り

モルタルは、セメントとピンク色の色粉、矢作砂とMEJIストーン（種石という）を混ぜ、固さを見ながら水を入れてこねていく（配合比率はP.015参照）。師匠が使っている撹拌機と我が家の電動ドリルにつけたアタッチメントを両方使ったが、断然、撹拌機を使ったほうが早く、大量に作れた。やっぱり道具で作業効率の差がつく世界だ。
できたモルタルをバケツから直接たたきに流し込んで、ならしていく。一気にならすために、師匠が用意したのは1本の角材。師匠の角材使いを見てほれぼれしたが、素人にはけっこうむずかしいので、もっぱらコテ※でならしていった。玄関くらいの狭いところなら、十分にコテでならせる。
「モルタルの中の種石が均一に詰まるように、上からトントンと叩きこみながら押さえて」。はい！
途中で、横の水平、縦の勾配を見ながら、掃出し口までならしていった。

1 まずモルタルを作る。セメント、砂利、色粉を水と混ぜ、砂を入れる。水の量で調整し、ホットケーキの種くらいの固さに。

2 モルタルをバケツごと流し込み、下駄箱の奥下から、表面をコテで叩き込むようにして平らにし、ならしていく。

3 角材を使って表面を一気にならすのがプロの技。角材を引く力の加減が、部員にはなかなかむずかしかった。

4 角材は師匠にまかせることにして、部員はもっぱらコテでならしていく。マスキングテープが隠れないように慎重に。

5 作業途中で、横ラインが水平にならされているかを水平器で確認。縦ラインも高低差が出ているか、水平器で傾きを確認。

6 掃出し口までたどりついたら、余分なモルタルを取り除き、表面を整えて終了。乾く前にマスキングテープをはがす。

03 洗い出す

次に、ガラスの石やビー玉、貝など（骨材※という）を、モルタルの中に埋める、伏せ込み※という作業だ。
「骨材は多く入れても、頭が少し現れるくらいなので、意外としつこさはない」という師匠の言葉を信じて、じゃんじゃん入れてみる。仕上がりの雰囲気の良し悪しを決める要になる。ここは赤いビー玉、こっちは緑だなと仕上がりを想像しながらコテで埋めていく。
次に、モルタルが完全に固まる前にセメント分（アマ※という）を洗い出す最後の仕上げだ。洗い出すと、骨材の頭だけが顔を出してくる。
この洗い出すタイミングがむずかしい。早いと残ってほしい部分まで洗い流され、遅いと固まりすぎてしまい骨材がきれいに出てこないらしい。ここは師匠のゴーサイン待ち。待つこと1時間半で、洗い出しに取りかかる。
洗い流してスポンジで拭く、を繰り返し、無事ビー玉たちが顔を出した！

1 モルタルに、ガラスの石、ビー玉を埋め込んでいく。この作業は楽しい。貝殻など、小さくて薄いものは最後にまく。

2 まいた骨材をコテで上からギュギュと押し込んでいく（伏せ込みという）。けっこう力がいる作業。

3 埋め込んだ後は、骨材がすべて隠れ、モルタルの表面がツルツルになるまで、丁寧にコテでならしていく。

4 モルタルを手で触り、へこまない程度に表面が固まったら、弱いシャワー水で骨材が少し見えるくらいまで流す。

5 スポンジでモルタルの表面を拭く→洗い流す→モルタルの表面を拭く。この作業を何度も繰り返す。

6 これが洗い出したあと。埋め込んだ石やビー玉、貝殻などがこんなふうにきれいに顔を出すまで洗い出すのだ。完了！

絵で見る洗い出しのポイント

POINT 01　10ミリの勾配をつける

今回は、掃出し口に向かって10ミリの勾配をつけた。これは玄関に水がたまらないようにするため。下準備の段階で、モルタルを流し込む位置にしっかり線を引き（墨出し）、その線のぎりぎり上にマスキングテープを貼っておく。

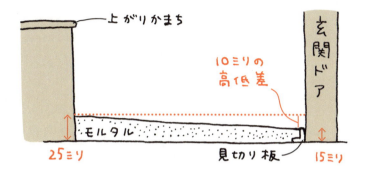

POINT 02　モルタルの配合

砂利（砂＋MEJIストーン）とセメントの配合比率は施工する内容で変わるという。今回は3：1くらいの割合だ。洗い出しのモルタルを厚くしく場合は、水を少なくして硬めに、薄い場合は、水を多くして柔らかめに調合する。

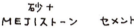

POINT 03　洗い出しの断面図

水で洗い出すタイミングは表面を押してもへこまなくなってから。水圧の弱いシャワーヘッドで表面をやさしく流すのがポイント。表面のセメント分が少しずつ流れ出して、ビー玉やガラスの石などの骨材が徐々に頭を出してくる。その後は、スポンジを使って表面を拭いて、骨材がきれいに頭を出すまで洗い出す。

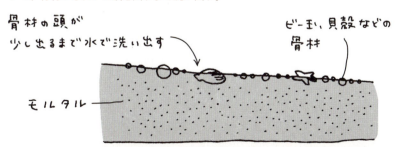

表面をツルツルに仕上げる
研ぎ出し

洗い出しと似たような施工方法に研ぎ出し※という手法がある。研ぎ出しは、洗い出しと材料はほぼ同じだが、骨材の頭を出すのが洗い出し仕上げなら、研ぎ出しは表面を研磨機、砥石などで磨いて、ツルツルに仕上げる施工方法。つまり、研いで骨材を出していく方法だ。右写真は、師匠の左官士・金澤萌さん製作のトイレの洗面台。ブルーの色粉を使った地に、色とりどりのビーズをふんだんに入れてもらった。水に濡れると、ビーズがキラキラと光ってきれいだ。

墨出しのやり方

現場で必要な線や位置を、壁や床などに印すことを「墨出し」という。大工さんが「墨つぼ※」を使ってやっていたことから、この言葉になったとか。プロは必ず墨つぼを使う。タイルを貼る基準線、床貼りの中央線など、特に大きな面に垂直線をつけるのに必要不可欠で、使い方を覚えておくと便利。簡易式の墨つぼはホームセンターで買える。

墨つぼを使い、上下の線を引く。線の先についたピンを壁に刺す。糸を伸ばし、墨つぼを固定したあと、糸を弾いて線を引く。

Chapter 02

タイルを貼る

●手順

タイルの割り出し
▶施工面積を測る
▶デザインする
▶タイル数を計算する
▶タイルを買う

下準備
▶養生をする
▶基準線を決める
▶墨出しをする

タイル貼り
▶接着剤を塗る
▶タイルを切る
▶タイルを貼る

目地入れ
▶目地材を作る
▶目地を入れる
▶拭き取る
▶目地をきれいにする

壁で仕切られていた古いⅠ型の小さいキッチンをオープンキッチンにした。部屋の印象に大きな影響を与えるタイル選び。タイルの色と分量に悩みながら一番時間をかけた。

基本情報

［作業人数］師匠・金澤＋部員2人
［費用］合計57,275円
赤ガラスモザイクタイル（1シート225個×10シート）2ケース…14,364円
白タイル（44枚入り）7ケース…23,611円
タイル接着剤・目地材など…17,000円
［面積］約5㎡
［かかった時間］8時間

before

タイル選びまでが大仕事

壁で仕切られて狭かった台所の壁を取っ払い、オープンにしようと決めたときから、タイル選びに悩む日々が始まった。なにしろ壁の面積が広い。1種類のタイルでいくか、あるいは組み合わせるか？　色は？　配分は？　オープンキッチンだから、リビングからも台所が見渡せる。部屋全体の印象を台無しにするのも、かっこよく見せるのもタイルひとつという状況に追い込まれ、決めるまでにすごく時間がかかった。

気をつけたほうがいいのは、タイルは実物を見て選ぶということ。インターネットでも買うことができるが、まずは実物を見てから決めたほうがいい。ネットと実物では、色も質感もずいぶん違っていたのだ。今回は、アドヴァンというショールームに5回くらい通って、悩みに悩んでイタリア製の白い横長タイルと20ミリ四方の赤いガラスモザイクタイルの組み合わせに決めた。

厚みに落とし穴が

壁面のタイル貼りは腕が疲れる。そんなことすら想像もしなかった素人集団である。

「えっ、これ1日じゃ無理ですよ」と師匠に驚かれたが、私たちはこのタイル貼りを1日で終える段取りを立てていた。歳を取ると、せっかちになる。そして次の日に持ち越しというのがつらい。すぐやる気がなくなってしまうのだ。師匠の言葉も聞かず、とにかく何がなんでも1日でやり遂げるという強い意気込みのもと、タイル作業がはじまった。

カウンター周りなどを養生※し、タイルの基準線を引く。これが思いの外時間がかかる。どんな作業にも言えることだが、現場は下準備が要で、これは手抜きしてはいけない。そして、言われてみてなるほどと思ったのが、壁の中央にくる、白タイルと赤タイルの境目から貼り始めるということ。中央に半端な切りタイルがくるのはカッコ悪いからだ。

タイル貼りそのものは意外に簡単。接着剤を塗って、その上にタイルを貼る。あとは目地※入れ（タイルとタイルの間に目地材を入れ込む）を残すのみとなったところで、師匠が帰る時間がきた。目地を入れていくだけだから部員2人でもすぐ終わるでしょ、と高をくくっていたのが大間違い。白いタイルは厚みが8ミリ。この厚みに目地を入れる作業は、心がくじけそうになったほど。目地入れに2人がかりでゆうに2時間かかった。壁に貼るタイル選びは厚みに注意、これが教訓。もちろん翌日は腕が上がらなかった。

ここで使用する道具と材料

●基本の道具と材料

- ☐ 差金
- ☐ 水平器
- ☐ 養生テープ
- ☐ 養生シート(マスカー)
- ☐ マスキングテープ
- ☐ ブルーシート

●道具

- ☐ **コテ**
  クシゴテは厚い白タイル、コテは赤タイルの接着剤を塗るときに使う。タイル専用の目地ゴテもあるがこの現場では使っていない
- ☐ **コテ板** ➡ 作り方はP.051
  プラスティック製が売っているが、ベニヤ板を使って自家製を作ることもできる
- ☐ **バケツ**
  目地材、水などを入れるものを2つ用意する
- ☐ **墨つぼ**
- ☐ **ディスクグラインダー(刃タイル用)**
  ディスクを高回転させて様々な部材を切断する電動工具。ここではタイル用の刃をつけてタイルを切る。師匠のものを借りた
- ☐ **タイル切断機(押切)**
  プロ仕様の床置のタイルカッター。師匠のものを借りた
- ☐ **タイルカッター**
  ハンディータイプのタイル用カッター

●材料

- ☐ **タイル**
  白タイルを約326枚。赤ガラスモザイクタイルのシート18枚
- ☐ **接着剤**
  タイル用接着剤
- ☐ **目地材**
  グレーの目地材を使ったが、他には白や黒などの色がある

▲養生シート
▲養生テープ
▲クシゴテ
▲コテ
▲コテ板
▲白タイル
▲ディスクグラインダー
▲赤ガラスモザイクタイル

01　下準備

作業のはじまりはどこの現場もまずは養生からだ。カウンタートップ周辺だけでなく、目地材がポトポトと落ちるとシミになるので、「床も広範囲をブルーシートでしっかりカバーするのが大事」と師匠。

次に、墨つぼを取り出し、「先を押さえて」と大工さんのように壁に墨線をつけた。タイルの割付で大事な基準線を出す墨出し作業だ。

今回は赤と白のタイルを組み合わせるので、その境目が縦の基準線になるのだという。基準線は横にも数本引く。もちろん水平に引くために、水平器は絶必だ。

「この真ん中に引いた縦の基準線からタイル貼りをスタートさせるんですよ」と言われ、端から貼っていくのではないことを初めて知った。

目線が一番いきやすい中央をきれいに揃える。これが広い面積にタイルを美しく貼るコツだという。なるほど！

1　施工壁面は予め師匠に、古いタイルをはがしてもらい、モルタルできれいに下地を整えてもらった。

2　カウンタートップや換気扇回りは、接着剤や目地材がつかないように、養生シート（マスカー※）で隙間なく覆う。

3　接着剤や目地材が入らないように、コンセトカバーは養生テープ※とマスキングテープで全面をしっかりカバーする。

4　次にタイルを貼る位置を決める。まずは左右の寸法を測り、白と赤タイルの境界となる縦ラインに墨出しをする。

5　横の基準線は、墨出しをする前に、必ず水平器で水平をとり、40〜50センチおきに印をつけておく。

6　横の基準線は、下から白タイル5個分ずつに2本、赤タイル側にも2シート分のところに1本引く。

タイルの割り出し方

タイルが決まったら、次に購入するタイルの必要量を割り出さなければならない。ネットでのタイル注文は、平米数を入れると必要タイルを概算してくれるサービスをやっているところもあるが、師匠から割り出し方の基本を教えてもらった。タイルは施工中に割れることもあるので、注文は多めが鉄則だ。

❶ 施工面積を測り、タイルの必要量を割り出す

L字になっているキッチンの壁。赤と白の配分を最初に決める。角を起点に左右に赤のガラスモザイクタイルを持ってくることに決めた。赤タイルはシートになっているので、右側にシート3枚分、左側にシート1.5枚分を貼り、残りの部分を白タイルを貼るというレイアウトにし、枚数を割り出した。

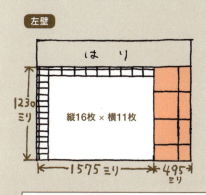

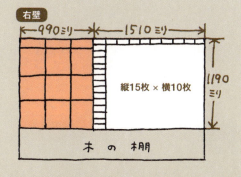

白タイルの必要量 タイル1枚(75×150ミリ)+目地の寸法(5ミリ)で計算する
右側(縦15×横10=150枚)+左側(縦16×横11=176枚)=**326枚**

赤タイルの必要量 タイル1シート(327×327ミリ)+目地の寸法(3ミリ)で計算する
右側(縦4×横3=12シート)+左側(縦4×横1.5=6シート)=**18シート**

❷ 目地分も入れて、タイルを置いてみる

注文したタイルが届いたら、実際に床に置いて測った。これは、イメージをつかむ目的がひとつ。もうひとつの目的は、タイルを貼る基準線を引くときに必要となる数字を出して、目地寸法と納まり具合を見ておきたいからだ。
なので、ここでは目地分も入れて測る。白タイルの目地の空きは5ミリ。赤モザイクタイルは3ミリ。

02 タイルを貼る

「では基準線の左側から、赤タイルシートを貼りはじめましょう」の号令でいよいよタイル貼りがスタート。
最初は接着剤をコテで壁に塗っていくのだが、「まずは1シート分くらいの面積」だけ塗る。のろのろしていると接着剤が乾いてしまうからだ。
接着剤の塗厚も赤と白タイルでは違う。「タイルの厚みで変えるのが基本」だという。赤は2〜3ミリ、白は6〜7ミリ程度。厚みのある白タイルは重さもあるので、タイルの裏側にも接着剤をつけた。塗っていくうちに塗りすぎたり、薄かったり。タイルからはみ出す余分な接着剤が手にべっとりつく。「すぐ拭きとって」と師匠。接着剤がタイルの表面につくと取れにくいのだそう。
タイルは接着剤が乾くまでは貼ったまま動かせるので、ときどき後ろに下がって全体を見ながら、目地の間隔が揃うように微調整した。

1 引いた基準線に添って、右は白、左は赤タイル用に接着剤をコテで塗る。白タイルのほうはクシゴテでクシ目をつける。

2 白タイルは厚くて重いので、タイル側にも接着剤を少量つけた。ぎゅっと押しつけ、タイルの全面が接着するように貼る。

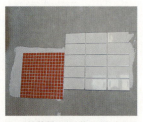

3 接着剤はすぐ乾いてしまうので、少しずつ塗ってタイルを貼る。目地幅が均等になるようにタイルを動かしながら調整する。

4 コンセント回り、開口部などは、寸法に合わせてタイルを切り、貼りこんでいく。L字にカットするのはむずかしかった。

5 中央部分を貼り終えた。赤モザイクタイルは1個が20ミリ角で小さすぎてカットできないので、目地の幅で調整する。

6 もう一方の壁も中央から貼り、最後のカウンター接触部分を残すのみ。隅は目立たないと言い訳して、適当にきれいに。

タイルの切り方

タイル施工の作業の中で、一番難易度が高いのはタイルカット。DIY初心者は割らずにきれいに切るのはむずかしい。師匠にタイルの切り方を道具別に紹介してもらった。押切やディスクグラインダー※はレンタルも可能だ。

●タイル切断機（押切）を使う

切断機の上にタイルをのせ、切り線に合わせて、一度刃を押し当てて滑らせ、表面に傷をつける。ハンドルを握り、下に押し当てて一気にタイルを割る。厚みのあるタイルも大丈夫。

●ディスクグラインダーを使う

発泡スチロールなどの上にタイルを置き、下書きの切り線にそって刃をゆっくりと当てて切断する。慣れないと危険なので、十分に注意をして扱う必要がある。

●タイルニッパー（喰い切り）を使う

カットしたい線にタイルニッパーの刃を合わせてタイルを挟み、力を入れて切り割る。小さい部分の微調整や小さなタイルをカットするときには便利。

●タイルカッターを使う

切り線に差金などをあて、カッターで傷をつける。一度では深い傷がつきにくいので、何度か。タイルの裏面から、ハンマーで少しずつ叩いて割る。練習すればきれいに割れる。

03 目地を入れて仕上げ

タイルを触り、動かなければ、仕上げの目地入れだ。ここで、「目地材は少しずつ作るのがいいですよ」という言葉を残して師匠は去って行った。
目地入れは師匠がいなくてもそうむずかしくはなかった。が、なにせ白タイルは厚さが8ミリ。目地材はタイルの厚みの1〜2ミリ下まで入れるのが目安なのだが、当然赤のタイルに比べて、相当な量を押し込まないとなかなかきれいに入っていかない。乾く前に目地材を拭き取らなければならないので、途中からコテがまどろっこしくなって、素手で入れ込んでいく。
たまたま顔を出した友人男子に有無を言わさず手伝わせる。わずか30分のヘルプだったが、まさに救世主！ 最後は、タイルの表面の目地材をきれいに拭き取り、くたくたになって完了。ちなみに目地の色がタイルの印象を変えると教わったので、グレーを撰択。赤が落ち着いた色になって正解だった。

1 目地材は固まるのが早いため、大量に溶かずに、少しずつ作る。固さはやはりホットケーキの種くらいを目安に。

2 コテを使い押し込むように目地に入れこむ。隙間がないように入れるために、その上から指で目地材を押し込んだ。

3 白タイルに比べると、赤タイルの目地はコテで簡単に入れることができて楽ちん。タイルの厚みでこうも違うのか！

4 目地材を入れ終えたら、濡らしたスポンジで表面の目地材を取る。目地材の入り具合を確認し、足りない所に入れ直す。

5 タイルの表面がきれいになるまで、スポンジの水を変えて拭き取る。最後は乾いた雑巾で仕上げる。

6 目地を最終チェックし、隙間があれば残しておいた目地材で補填。目地が完全に乾く前に養生テープをはがして、完了。

POINT 01　基準線の引き方

仕上がりをきれいに見せるためには、最初に基準となる線を引いてからタイルを貼りはじめることが必要だ。半端な切りタイルが中央にこないように、タイルの寸法と目地の寸法を計算して、貼り始めの位置を決める。まず、赤いタイルと白いタイルの境目に縦の基準線①を引く。次に最初の赤いタイルを貼る横のラインに②を引く。最後に白いタイルの位置③④を引く。縦は垂直に、横は水平にきれいに引くためにも水平器が必須だ。

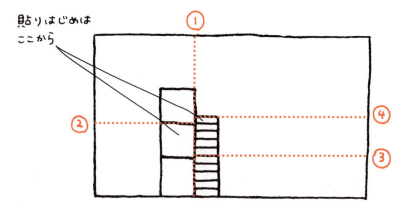

POINT 02　切りタイルは端に

タイルを1枚も切ることなく貼れればバンザイだが、そんなにうまくはいかない。切らなければならないサイズのタイルは、天井側や壁面の端にもってくることが、仕上がりを美しく見せるコツだ。

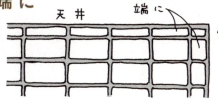

POINT 03　目地材は1〜2ミリ下まで

タイルを貼ったあとは、目地材を入れていくのだが、その分量は、だいたいタイル表面の1〜2ミリ下くらいまでに。
タイルが厚ければ厚いほど、目地材もたくさん入れなければならない。そのため、8ミリの厚い白タイルの目地入れにはほとほと苦戦した。

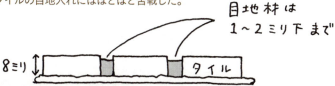

タイルのバリエーション1

木貼りの壁だったトイレが汚れてきたので、下半分だけタイル貼りにしてみた。もちろん、キッチンでの反省点を生かして、厚くないタイルを選ぶ。基調になる150ミリ角のグレーのタイルをまず決めて、片面はグレーガラスモザイクタイルを貼った。タイルの厚みは角タイルが4ミリとモザイクタイルが3ミリ。タイル選びのときに見本でもらったモザイクタイルをところどころに入れて遊んでみた。

狭いトイレ空間なので、分担を決めると作業がはかどる。二人は中で作業、一人は外でタイル切りや材料を渡す係。木の壁に直接タイル接着剤を塗り、貼っていく作業は予想外に早く終了。ここでも目地入れは師匠なし。かなり慣れてきた。

基本情報
［作業人数］師匠・金澤＋助手＋部員1人
［費用］合計33,767円
タイル代…23,367円
目地・接着剤など…10,400円
［面積］4.2㎡
［かかった時間］6時間

右側モザイクタイルは、貼る前に床に並べてみて、
8色のタイルを散りばめる位置を決めておいた。

壁との見切りにアルミの仕切り板をボンドで接着。グレーの目地を仕切り板の際まで入れる（写真左）。目地を入れ終わりタイルをきれいにした後、目地を鉛筆でなぞる。余分な目地材を除くとエッジがきれいに出る（写真右）。

タイルのバリエーション2

タイル貼りに慣れてくると、おもしろくなって、目につくところ、どんどん挑戦したくなる。つぎは、洗面所周りとキッチンの作業台をタイルに。
もともと木だった2つの洗面台トップ。一方は白のモザイクタイルと、もう一方はキッチンの壁で余った赤のガラスモザイクタイルを使ってみた。目地の色を白にしただけで、赤の色味がより鮮やかになってかわいらしく仕上がった。モザイクタイルは1個ずつのタイルが小さく、割れないようにカットするのがかなりむずかしい。目地の幅で調整していければ楽なのだけれど、下の洗面ボウルのように曲線があると、ちょっと手こずる。しかし、壁に比べれば、目地入れが楽ちん。あっという間に終了。

洗面台
写真上は、カウンターも側面もタイル貼りにした洗面台。目地は白色にしたら、赤が鮮やかに。目地幅で調整して、タイルを切らずにすんだので、1時間くらいで終了。
写真右の洗面台は、側面はアルミ板貼り。タイルの目地分2.5ミリ分を立ち上げて、端の目地の受けにした。見た目もすっきり。しかし、オーバルの洗面ボールなので、タイルニッパーを使ってのモザイクタイルのカットがすごく大変だった。

浴室

浴室の床タイル貼りは排水のための勾配が必要なため、難易度が高い。師匠に全面的におまかせしたが、天井のペンキ塗りと壁タイル貼りのみ参戦。石のモザイクタイルは、極小の四角錐の形。水を使ってはがすシート紙が、表面に貼ってあるタイプ。シートをはがすと、タイルも一緒にポロポロと取れてむずかしかった。

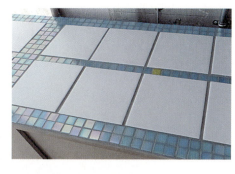

キッチンカウンター

写真左は、8ミリ厚のスペインタイルと2種類のサイズ違いを組み合わせたキッチンカウンター。
写真右は、200ミリ角タイルとガラスモザイクタイルを敷き詰めたキッチンキャビネットトップ。

タイル面にビスでとめるワザ

タイルに穴をあけるのはむずかしい。せっかく貼ったタイルが割れてしまうこともあるので、穴をあける場所は重要だ。素人はできるだけ目地のところを選ぶほうがいい。プロの基本の「ビス※どめ」を教えてもらった。

❶ 印をつける

マスキングテープを貼って、穴をあける位置に目印をつける。マスキングテープには、穴をあけるときにタイルが欠けてしまうのを防止する衝撃緩和の役目がある。

❷ 穴をあける

傾かないように水平を保ち、注意しながらドリルビット※で下穴をあける。下穴をあける下地によって、ドリルドライバーか、インパクトドライバーかを使い分ける。ここでは下地がコンクリートだったので、インパクトを使った（下穴の大きさ、深さは、使用する偏芯プラグ※に記載されている）。

❸ ビスでとめる

ビスどめはすでにビスとセットになっている偏芯プラグを使用。偏芯プラグを使用しないと、ビスは空回りするので、固定できない。

偏芯プラグ（コンクリート用）

ビスの先端に偏芯プラグがはめられたセットのものが売られている。セットではない偏芯プラグのみのものもある。偏芯プラグ単体を使用する場合は、最初に壁に偏芯プラグを埋め込み、ビスどめする。

Chapter 03
床板を貼る

●手順

材料の注文と手順
▶床板を選ぶ
▶部屋の平米数を出す
▶板材を注文する

貼る前の準備
▶カーペットをはがす
▶ベニアの仕切りを貼る
▶ドアなどを取る

床板貼り
▶寸法を測る
▶床板を切る
▶接着剤を塗る
▶貼る
▶釘を打つ

ハダシで無垢の床を歩いたとき、
なんともいえない暖かさと気持ちよさを感じて、
次、床を貼るなら絶対無垢をと決めていた。
時間とともに色にも深みがます。
キズや汚れも家の歴史で、愛着もわいてくる。

基本情報
[作業人数] 師匠・細川＋部員2人
[費用] 合計54,300円
床材…48,000円（1㎡ 4,200円）
接着剤などその他…6,300円
[面積] ほぼ12㎡
[かかった時間] 8時間

before

床貼りに挑戦

いきなり素人が床材を貼るというのは、無謀じゃないか。そう思って専門家の友人（男）に聞いたら、「やれないことないよ」とあっさり。「しかも女子だけでやるのって面白いじゃん」とまで言われ、のこぎりと金槌くらいしか使ったことがないのに、その気になった。

床貼りに挑戦したのは、約8帖ほどの角部屋だ。築45年の古いマンションの床はもともとはカーペット貼りで、カーペットをめくってみると、45年前に建てられた時代の木の床が出てきた。この上に直接フローリングを貼れば、下地工事もいらないし、コストも削減できる。師匠の力を借りれば、なんとかなるだろうと、他力本願で挑戦したのだった。この楽観主義が、その後の肉体に大きなダメージを与えることになるとは知らず。

フローリング素材は、友人の家で無垢の床と出会って以来、その暖かさと歩き心地にほれていたので、有無を言わず無垢材に決める。が、無垢材はやはり高い。安いものはないかとネットを調べたり、知り合いに聞いたりして、いくつかサンプルを入手した。いいなあと思うものは、高い。その中で、目にとまったのが、継ぎ無垢フローリング材。1平米4,200円のナラ材の無塗装。1本を3カ所で継いであるユニタイプというもので、無垢にしてはかなり安い値段だった。当然、即決。塗装を選ばなかったのは、同居する犬がなるべく滑りにくいように。キズや汚れはつきやすいが、それも味わいになるだろうと割り切った。

単純作業の落とし穴

カーペットをはがしたあとの作業は、測って床板を切る、ボンドを塗り床板をはめ込む、釘を打って固定するという3つの工程が主。

床板を切るために初めてスライド丸のこを使ったが、はじめはその音と刃の回転の勢いにおののく。が、慣れれば割合簡単。事故に気をつけて扱いさえすれば、電動工具は力の衰えた50代の強い味方になること間違いなしだ。

作業では、サネ※の釘の打ち込みに難儀したが、3工程を何度も繰り返しているうちに、だんだん手慣れてきた。ところが、である。立って座っての屈伸動作と中腰作業がだんだん耐えられないほどしんどくなってきた。さらに、指先がまどろっこしくなって途中で軍手を脱ぎ捨てて素手に。今度はボンドでベトベトになり、手が真っ黒になった。翌日は立ち上がれないほどの筋肉痛。床貼りは、翌日の予定を入れてはだめである。

ここで使用する道具と材料

●基本の道具

- ☐ のこぎり
- ☐ 金槌
- ☐ 差金
- ☐ メタルメジャー

●道具

- ☐ スライド丸のこ
  床板を切るために使う電動床置の丸のこ。使い方はP.093参照
- ☐ 電動丸のこ
  手持ちの電動丸のこ。使い方はP.092参照。スライド丸のこ、丸のこがなくても、のこぎりを使って床板を切ることができる
- ☐ 丸のこ定規
  丸のこを使ってまっすぐ板を切るために使う治具。使い方はP.092参照
- ☐ 釘締め
  フロアー釘の頭を金槌で打ったあとに、さらに釘の頭を板に入れ込むために使う

●材料

- ☐ 無垢の床材
  オーク（ナラ）の継ぎ無垢フローリング材12㎡分より少し多めに（¥4200/㎡）
- ☐ 木工用接着剤
  下地が木、床板が無垢の木材用に用いる接着剤を用意
- ☐ 釘
  フローリング用の釘（38ミリ）
- ☐ 隠し釘
  最後の木片を固定させるための、頭が取れる隠し釘数本
- ☐ 紙ヤスリ
  板の切り口を滑らかにするため
- ☐ ベニア板
  床と壁の隙間を隠すための板を用意。現場によって違ってくる
- ☐ あて木
  床材の凹凸部をかませるときに、床材のサネを傷つけないようあて木の上から金槌で叩いてはめていくのに使用。端材でも可

▼スライド丸のこ

▲金槌

▼差金

▲丸のこ定規

▲電動丸のこ

▲無垢の床材（裏と表）

01 貼る前の準備

カーペットをはがし、きれいに掃除する。南側の壁と床の間にちょっとした隙間を発見した。「ここは手を抜かず、ベニヤ板を貼っておきましょう」と師匠に言われる。木工作業ではこういう丁寧で細かい処理が大切なんだと、部員はあとあと思い知るのである。
次は床板をどう貼るかを決める。継ぎ無垢材なので、元々ところどころに継ぎ目がある。どうせ継ぎ目があるんだから、床板同士の継ぎ目は気にせず、端からじゃんじゃん貼っていってもいい。が、「継ぎ目の位置を揃えたほうが見栄えがきれい」という師匠の言葉にしたがって、「千鳥貼り」という右ページのような板貼りに挑戦した。
ところで部屋の寸法だが、測ってみるときれいな四角ではないことがわかった。部屋というものは、微妙にゆがんでいるのが当たり前なのだそうだ。そのゆがみにピタリと板をはめて仕上げる。私たちにできるのか？

1 まずは古いカーペットはがしからスタート。カッターなどで切り込みを入れ、手ではがしていく。

2 カーペットの下は、45年前の床材。これを下板代わりにして、この上にフローリング材を打ちつけていくことにした。

3 ドアを外し、隣の部屋との間仕切りに、ベニヤ板をネジで簡単にとめておく。床材の端をきれいに揃えるためだ。

4 壁と床の間にある10ミリの隙間を、ベニヤ板で貼って修正。壁部分は、珪藻土でDIYする予定なのでそのままにしておく。

5 クローゼットなど扉があるものは事前に取り外しておく。念のため、床材分が上ってもドアの開閉に問題ないかを確認する。

6 床材を部屋の中央に千鳥に並べてみる。継ぎ目ごとに板の色合が微妙に違っていたが、これも風合いがあってよかった。

床板と床貼りの手順

選んだ「オーク（ナラ）の継ぎ無垢フローリング材」は、3カ所の継ぎ目のある1,818ミリ・幅130ミリの定尺材。定尺とは板の長さが決まっているもの。長さがバラバラなものは乱尺というそうだ。床材は、部屋の面積の12平米より多めに用意する。今回は師匠のアドバイスで、下図のように継ぎ目が揃うように貼った。基準となる線を決め、寸法をちゃんと測ってそのサイズどおりに床板を切っていく。

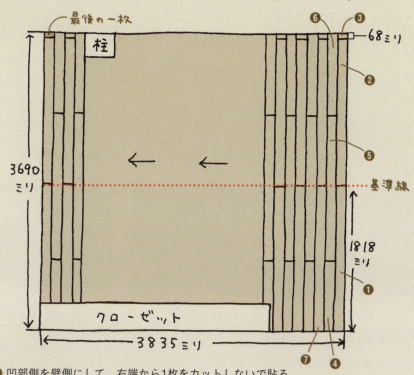

❶ 凹部側を壁側にして、右端から1枚をカットしないで貼る。
❷ 2枚目も1枚をカットせずに貼る。この❶と❷の板の継ぎ目を中央の基準線にする。
❸ 寸法に合わせて切った3枚目を貼る。
❹ 半分の寸法に切った4枚目を貼る。
❺ 5枚目は切らずに1枚をそのまま貼る。
❻ 寸法に合わせて切った6枚目を貼る。
❼ 7枚目からは、以上の工程の繰り返しになり、図のように継ぎ目が交互に揃うように貼っていく。

02 床板を貼る

床貼りの作業はいたって単純で、測る→床材を切る→ヤスリをかける（面取り※という）→接着剤をつける→貼る→釘でとめる。この工程をたんたんと繰り返せばよい。

この中で一番手こずったのが、釘打ち。下の古い床板が硬く、釘がなかなか入らない。しかも板のサネが割れたりして、あわてた。ここは、手間を惜しまないで下穴※を開けてから釘を打ち込むほうがいいらしいが、面倒だ。

ちなみに、床板貼りでは、端がきれいに揃ってなくても、最後に壁に巾木※をつければ、床板の端が隠れるので雑な仕上げはごまかせるらしい。

それなのに、壁をすっきり見せたいために巾木なしでいこうと決めてしまった。壁側に隙間ができないようにぴったり入れなくてはならない。後悔先にたたず。面倒だが、寸法をきっちり測って床板を切る。切り直しなんてことにならないためにもここは丁寧に。

1 寸法を測り、スライド丸のこで床板を切る（使い方はp.093参照）。板裏から刃を当てるとバリ※が出ない。

2 「スライド丸のこで切った面の木口※は紙やすりでならす」とのアドバイス。床板のかみ合わせがピッタリするのだ。

3 床材の裏側に接着剤を塗り、貼っていく。あるいは逆に、床に接着剤を塗る方法もある。どちらでもいいらしい。

4 1枚目の床材は、あて木※をして金槌で優しく叩き、壁に密着させる。板にそって、2、3カ所叩いておく。

5 凸サネ側にフロアー釘（38ミリ）を斜めに打ち込む。板が割れやすいので注意。下穴をあけたほうが割れにくい。

6 釘締め※を使って釘の頭を上から叩き、サネの中に入れ込む。釘の頭が出ていると次の板とピッタリはまらないので注意。

床材のジョイント部分の側面は、木ザネ加工が施されている。この凹サネ凸サネを噛み合わせて、結合させる。

7 柱の角部分は、寸法を測り、床板に鉛筆で線を入れ、のこぎりで切る。小さいカットは、のこぎりのほうがやりやすい。

8 最後の列の板は、サイズより1ミリ大きめに切る。2枚を山のように組み、サネを合わせて、一気に入れ込む。

9 最後に残った隙間は96ミリ。切った板が大きすぎると入らず、小さすぎると動いてしまうので、ここは寸法を慎重にはかる。

10 寸法+0.5ミリに切る。凹サネ面の下を切り落として、まっ平らにし、断面をヤスリをかけておく。

11 隅に合わせてはめ込む。合わせた木の両端に隠し釘を打ち、とめる。隠し釘の頭のプラスチック部分を取るのを忘れずに!

12 隅を入れたら床貼り完成!しっかりと組み合わさっているか、全面を歩いて確認してみる。動かないので大丈夫だ。

絵で見る床貼りのポイント

POINT 01　サネへの釘の打ち方

床板には、両脇にそれぞれ凹サネと凸サネ側がある。このサネを噛みあわせて貼っていくのだが、さらに床板がずれないようにするために、フロアー釘を凸サネ側に打ち込んでから、サネを合わせるのが普通のやり方。また、釘の頭が板に隠れるように、釘締めを使って打ち込む。釘が出ているとサネ同士がうまく噛み合わないからだ。

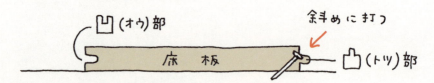

POINT 02　最後列の板の入れ方

床板貼りで手こずるのが、床板の最後の列。ここでは何よりも寸法をきちんと出すことが第一だ。必ずしも長方形になるとは限らないので、ちゃんと最後の一枚の四辺をはかることが大事。1ミリほど多めにとったところに線をつけて（ケガキ線※をつけるという）、正確に電動丸のこで板幅を切る。その板の片方を壁につけ、最後から2枚目の板と山のように組んで、一気に下に押し込む。

POINT 03　巾木とは

私たちは巾木なしにしたが、通常、壁の下部分には巾木が貼ってあることが多い。巾木には、床板と壁の隙間を隠したり、掃除機などをぶつけて壁が傷つくのを防いだりする役割がある。床板の端の処理がちょっと雑でも巾木で隠せるというメリットもある。

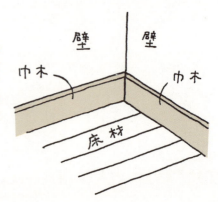

床貼りのバリエーション

マンションの玄関は、もともと花柄タイルが敷かれていて、どうも趣味に合わなかった。はじめは、余ったペンキをタイルの上に塗ってみたが、靴でこすれ、傘の雨しずくで濡れて、すぐにポロポロはがれてしまった。
タイルにペンキはやっぱり合わないなと、そのまま放置していたところ、たまたまよさそうな敷物シートを見つけた。カッターで簡単に切れるし、敷きつめていくだけ。しかも塩化ビニールだから、水にも強い。
玄関に敷いて、余ったので、ついでに洗面台の床にも貼ってみた。汚れも目立たず、掃除もさっとふくだけの楽ちんさで、すごく気に入っている。

玄関

1枚が50センチ角になっている塩化ビニール製。シートの目を交互にして貼ったらなかなかいい感じ。ボンドでつけてもいいが、すぐはがせるよう両面テープで床に貼った。

品名：ボロン ボタニック アイビー

ケース売りのため、けっこう余ったので、ついでに洗面所にも貼った。

もったいない！活用術　1

材料の量は、「多めに準備するのがDIYの基本中の基本」と師匠たち。しかし、終わったあとに、微妙にいろいろと残る材料はどうしたらいい？　もったいなくて捨てられない50代の私たち。余った床材、タイルを回し合って再利用してみた、ミニミニDIY編。

余ったタイルを使って窓下をデコ
トイレ壁面に使ったガラスモザイクタイルを、トイレの窓下に貼ってみた。タイルなので、ソープ類も置き、掃除もラクになった。枠には、10ミリのステンレスの見切り板を貼っている。

床材を使ってテーブルを作成
床貼りで余った床材をテーブルにしてみた。3枚合わせたサイズに合うアイアンフレームをオーダーして、天板に。アイアンフレーム代はかかったが、買うことを考えたら安い。

**余ったタイルを使って
スツールをデコ**
軽くて高さもちょうどいい、プラスティックトップの幼児用スツール。イケアで3ドルで購入し、18年間踏み台として活躍、捨てられずにいた。キッチンやトイレで使ったガラスモザイクタイルの残りで、こんなふうに変身。

before

Chapter 04

珪藻土を塗る
けいそうど

●手順

壁紙はがしと養生　▶壁紙をはがす
　　　　　　　　　　▶養生をする

下地調整　▶アク止めを塗る
　　　　　　▶ヒビや隙間を補正する

珪藻土塗り　▶珪藻土を作る
　　　　　　　▶珪藻土を塗る
　　　　　　　▶養生を取る

マンションの東南の角。8畳あまりの部屋。
日当たりは良好だが、湿気がたまりやすく、
壁のところどころにカビが発生していた。
自然素材ならば、珪藻土で塗りなおしたいと思った。
しかし、珪藻土はいつも呼吸しているということを
忘れてはいけない。

基本情報
［作業人数］師匠・金澤＋部員3人＋
友人1人＋子ども1人
［費用］合計29,200円
MPパウダー…25,200円
アク止めその他…4,000円
［面積］ほぼ8畳の部屋の壁
［かかった時間］7時間

before

after

珪藻土にしてみよう

中古マンションの壁は白いクロスだった。汚れもないし、そのまま使おうと思っていたのだが、東南の角部屋を見たところ東の壁一面にカビが出た跡がある。どうやら湿気がたまりやすい部屋らしい。うーん、この部屋だけは壁をやり直したほうがよさそうだ。

以前から興味のあった珪藻土を調べてみたところ、珪藻土は調湿作用があり、暑さ寒さに応じて湿度調整に貢献するという。さらにカビ、ダニ、ニオイも抑制してくれるのだという。なんだかよさそうではないか。

建築用の珪藻土には、いろいろな種類が販売されているようだが、できるだけ珪藻土本来のよさを生かすために、合成樹脂の固化材を使っていないもの、珪藻土の混入率の高いMPパウダーというものを選んだ。

左官士の師匠からクロスの上に珪藻土を塗っても大丈夫といわれたが、クロスも汚れていたし、ここはひとつ丁寧にクロスをはがして塗ることに。部員3人と友人の総勢大人5人、子ども1人を招集し、朝から取りかかった。

やっぱりカビは生えた

師匠をのぞいて、みんな初めての左官だから、練った珪藻土を壁に塗るときに、こぼれてボタボタ床に落ちる。ちゃんとブルーシートを敷き詰めていてよかった。ここでも、DIYは養生にはじまり養生に終わるという言葉が身にしみる。5人がそれぞれの持ち分を塗るので、当然みんな塗り方がバラバラ。でもそれが、なんだかいい具合に風合いを出している。

プロのようにきれいに仕上げなくてもいいじゃん!ということになり、塗りはじめて2時間ほどで8帖の部屋の壁を塗り終える。仕上げの統一感さえ気にしなければ、塗りものは人が多ければ多いほうが楽だし、楽しい。

冬場だったので、完全に乾くまでは二日ほどかかった。少しグレーがかった風合いのある仕上がりと、コテあとも壁の表情になっていてとてもよかった。で、珪藻土にして、カビはどうなったか。それが、二年目の冬にまた出てきてしまったのだ。敗因は、手抜きして珪藻土を二度塗りしなかったこと、そして壁の前に家具を置いてしまったことではないか。というのも、家具を置いた部分だけに黒いカビが出ていた。きっと珪藻土の呼吸を妨げたんだ!

というわけで、カビを取り除き、その部分をもう一度珪藻土塗りして補強することにした。

二度塗りを面倒くさがってはいけない。呼吸もさせてあげなくちゃいけない。これが学んだこと。

ここで使用する道具と材料

●基本の材料

- ☐ マスキングテープ
- ☐ 養生テープ
- ☐ 養生シート（マスカー）
- ☐ ブルーシート

●道具

- ☐ **スポンジローラー**
  ペンキ用のスポンジローラー。壁紙を濡らしてはがす時、アク止めを塗るときに使う
- ☐ **コテ**
  角ゴテ、仕上げゴテ、できれば数種類用意しておく
- ☐ **コテ板** ➡ 作り方はP.051
  プラスティック製が売っているが、ベニア板を使って自家製を作ることもできる
- ☐ **刷毛**
  アク止めを塗るため
- ☐ **バケツ**
  珪藻土を混ぜるときに使う
- ☐ **ミキサー**
  珪藻土を混ぜるときに使う。ここではプロ用を使ったが、電動ドリルの先に専用のミキサーバネをつけたのでも可
- ☐ **カッター**
  壁紙をはがすのに使う
- ☐ **スクレイパー**
  壁紙をはがすのに使う
- ☐ **スポンジ**
  壁紙を濡らすため
- ☐ **霧吹き**
  壁紙を濡らすため

●材料

- ☐ **補強メッシュテープ**
  ヒビや隙間に貼って補強する
- ☐ **粉パテ**
  補強メッシュテープの上から塗る充てん材。水で溶いて使用する
- ☐ **アク止め（シーラー）**
  下地のアクをとめるために使用
- ☐ **珪藻土（MPパウダー）**
  今回使用したのは、珪藻土の混入率が高いメソポア珪藻土を使っているMPパウダー

▼スポンジローラー

▼コテ

コテ板▼

▼スクレイパー

▼刷毛

▲養生シート

マスキングテープ▶

▲養生テープ

▲ミキサー

01 壁紙をはがして養生

水を使うので床にブルーシートを敷いておく。古い壁紙は手で簡単にはがせるが、その下に残った糊のついた薄紙は手でははがせない。水を含ませたスポンジやスポンジローラーを使って、はがしていく。

狭い場所ならカッター、広い場所はスクレイパー※を使うと早かった。勢いづいてバンバンやっていると、「カッターの刃で下地を傷つけないように」と師匠から注意を受ける。はがす作業は思いのほか手間のかかる作業だったが、「多少残っても平気です」と師匠に言われた途端、手抜きな性分が頭をもたげ、すぐ作業が雑になる。

はがし終えたら、次は養生。「床に珪藻土が落ちるとシミになりますよ」と師匠。それはつらい。何しろ1週間前に床に無垢板を貼ったばかりだったので、ブルーシート、養生シート、マスキングテープと、ケチらず三段構えで養生に精を出した。

1 壁紙をはがした跡に残った薄紙に、スポンジ、霧吹き、ローラースポンジを使い、水分をたっぷり含ませる。

2 水で濡らして数分おくと、こんなふうに薄紙が浮いてくる。これをはがしていく。

3 スクレイパーを使うと、作業の進み具合が早い。下地が石膏ボードの場合は簡単に傷がつくので注意が必要だとのこと。

4 コンセント回りは枠をはずし、水などがかからないように、養生テープでしっかりとカバーする。

5 ブルーシートの上に、養生シートを貼り、さらにマスキングテープを重ね貼りする。テープと壁との隙間は2ミリくらいに。

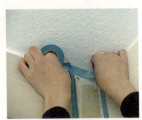

6 天井との境界は、マスキングテープをずらしながら段々に貼り合わせて幅を太く。思わぬところに珪藻土がつくので。

コテ板の作り方

壁塗り、タイル貼りなど塗る場面に必ず使うコテ板※。既成のプラスチック製もあるが、簡単に端材を使って、自分で作ることができるコテ板の作り方を師匠から教えてもらった。

表面▶

▲裏面

【材料】
- 20cmくらいの角材
- 30cm四方のベニア板
- 養生テープ

※板の素材はなんでも構わない。

❶角材を利き手の反対の手で持つ。右利きであれば、左に持ち、肘を曲げる。

❷その上にベニア板を身体に平行になるようにのせる。この位置がコテ板の完成型になる。

❸そのまま下において、ベニア板の表から木ネジで、角材ごとドリルでとめる。2カ所をとめて、持ち手部分が固定される。

❹板の上部から重ねるようにすき間なく、養生テープを貼っていく。使用後は、汚れたテープをはがすだけなので、洗う手間が省ける。次に使用するときには、また新しくテープを貼りなおせばいい。

02 下地を整える

さあ、壁の水分がなくなったら、次は下地を整える作業だ。「仕上がりのクオリティーをあげるためには、ここは手を抜かないでやる大切な作業」という師匠のアドバイスはどの現場でも同じだ。手を抜くところときっちりやるところを見極めることが、DIYのキモなのだ。

まず最初は、壁にアク止めシーラーを塗る。なぜ、アク止めが必要なのかというと、壁の下地の汚れなどが、アクとして浮き出てこないようにするためらしい。大きなところはローラーで、隅などは小さな刷毛を使い、隅々塗り残しがないようにする。

補正用の粉パテ（充てん材※）は粘土くらいの固さにして、メッシュテープの上から、凹凸がないように薄く塗っていくのだが、コテの使い方に慣れるまではそこそこ時間がかかる。

この下地を整える作業までで、すでに5時間くらいかかったのだった。

1 アク止めのシーラーを塗る。壁の大きな面は、ローラーでさっと塗る。刷毛よりもスピーディーに平均的に塗れる。

2 壁の下部分や狭いところは刷毛を使って塗る。マスキングテープのギリギリまで丁寧に塗る。

3 ヒビや隙間は補強用のメッシュテープを貼る。大きなヒビには重ねて貼ったほうがいい。

4 メッシュテープの上から、水で溶いた補正用の粉パテを塗る。小回りの利く、小さいコテで薄く塗っていく。

5 粉パテは、塗っていないところとの差ができないように、できるだけ薄く塗る。凸凹を残さないようにするのがポイント。

6 コンセント回りも補強。ここを丁寧にやっておくと、壁面が平らになり、珪藻土が塗りやすく、仕上がりもきれいになる。

コテの種類と使い方

コテにはいくつもの種類があり、目的によってコテを選ぶのが基本。どんな作業も道具の選び方で、仕上りの良し悪しが決まる。ここでは、主に使う角ゴテ、仕上げゴテ、出隅ゴテ、入隅ゴテ、細部用ゴテの使い分け方を師匠に聞いた。

●角ゴテ

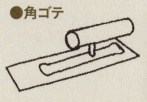 

全面を塗るときに使うコテ。天井と接触する壁の端にピタリと当てて塗る。力まず、すーっと、平行に横へ引く。

●仕上げゴテ

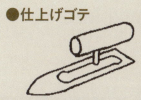 

塗りの仕上げに使うコテ。コンセント回りなどはエッジを上手く使い、直線を切るようにして使う。

●出隅ゴテ

柱周りやでっぱった角に使うコテ。45度や直角の隅が2面同時にすっきり塗れる。力の入れすぎに注意する。

●入隅ゴテ

壁の隅など引っ込んだところに使う。両側の面がきれいに同時に塗れる。先端をつけ底部を浮かせて引くといい。

●細部用ゴテ

 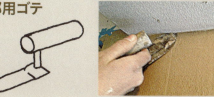

部屋の角や見切りのコーナーは小まわりの利く細いタイプのコテを使用。細かい場所の施工が楽にできる。

03 珪藻土を塗る

さて、いよいよ本番。助っ人の友人は、いずれ自分の部屋も珪藻土を塗りたいから、と参加してくれた。彼女もやっぱり初心者だ。

今回選んだ珪藻土は、添加剤も自然素材のみで、珪藻土の混入率が高いMPパウダー。水に溶かれた塗るだけの珪藻土も売られているが、せっかくなのでいちから珪藻土を作るところからやりたかった。

珪藻土を水で溶き、ミキサーで混ぜる。混ぜるのは機械がやってくれるので、固さだけに気を配っていればいい。水は一気に入れないように。

次にコテ板にのせた珪藻土をすくい取り、手首のスナップをきかせて、珪藻土をのせたコテをペタッとつける。しかし、気づくと、コテにのせた珪藻土の半分くらいが、壁につく前に床に落下していた。壁に塗っている最中もポタポタ落ちる。ああ養生をしっかりしておいてよかった。

1 バケツに水と珪藻土を入れ、ミキサーで混ぜる。少しずつ水を入れて調整し、ホットケーキの種くらいの固さにする。

2 珪藻土をコテ板にのせ、壁ちかくでコテ板を斜めに持ち、珪藻土をコテの上にすくい取る。

3 壁面に近づき、珪藻土をのせたコテを下から上へ、手首を返すようにして壁面にこすりつける。

4 厚めについた珪藻土も、コテで何度もならしていくと、塗り厚が均一になる。コテの先を少し浮かせると塗りやすい。

5 表面はできるだけ平らになるように塗ろうとしたが、プロのようにはいかないのですぐ諦めて、思い思いに塗ることにした。

6 天井の隅などは、コテの先端や、コテを上下ひっくり返して垂直を生かすというプロの技を見せてもらい、一同感動する。

「壁塗りの基本は、左上からはじめて下に塗っていく」ことだと教えられる。が、総勢5人が勝手にどんどん塗っていって、指導が守られていたかどうかはあやしい。コテの力の入れ具合とならし方で、さまざまなコテのクセ跡がつく。当然だが、素人はなかなか平らにきれいに塗れない。師匠が「珪藻土の良いとところはコテ跡もいい味になってしまうところ」というので、平らにすることをあきらめる部員約3名。

みな思い思いの道を突き進む。
広いところは鼻歌まじりに塗っていったが、天井と境界の隅、柱のでっぱりはコテ跡が残り、むずかしい。スッとひと引きで平らになる師匠のコテ技に感心する。コテを押しつけすぎてもだめだし、力を抜きすぎもだめで、ほどよい加減で力を抜くコツがあるんだろうと思う。まだまだ精進が必要だ。
2時間で塗り作業が終了。表面が完全に乾くまで、丸2日かかった。

7 マスキングテープは、塗り終えた珪藻土が固くなる前にはがす。固まってからだと珪藻土も一緒にはがれてしまうのだ。

8 マスキングテープをはがしたときに、珪藻土もはがれ、まだらになるところがある。そこは小さなコテで丁寧に修正する。

9 珪藻土が手につかなくなるまで乾いたので、ここでコンセントカバーもつけておいた。

10 塗り終えた直後。乾く前は色が濃くて、えっと思うが、乾くにつれて、どんどん白くなっていった。

11 珪藻土が乾いている途中の壁。塗り厚の薄い部分が白っぽく乾いてきて、まだらになるが、時間が経つとムラがなくなる。

12 作業をしたのが冬だったので、完全に壁面が乾燥するまでには、丸2日かかった。暖房や扇風機を使うと早く乾く。

04 珪藻土の塗り直し

初めての珪藻土塗りから2年がたった。そして、再びカビが発生した。壁ぎわに小さな家具を置いていて、その家具を動かしたときに発覚したのだ。

手を抜いて二度塗りを怠ったせいか。それともこの部屋がとくに湿気がこもり、結露するせいか。いずれにしても、家具が呼吸を妨げたことは間違いない。猛反省しながら二度塗りを決行することに。もちろん今回は師匠なしだ。

塗るのはカビが発生した部分だけ。相変わらず手抜きは怠らない部員2名。掃除機でカビを吸い取る。残りのカビは、カッターで削ぎ落とし、胞子が飛び散らないように、掃除機で吸引。

再び、珪藻土塗りの工程を一からなぞる。意外にも体がコテさばきを覚えていてスムーズに運ぶ。あっという間に終わった。夏場なので乾燥も早い。が、でき上がってみたら、荒いコテさばきの跡が目立つ。でも自分でやったんだから、許せるのだ。

1 南側に面している壁の黒カビ。掃除機で簡単に吸い取れるが、こびりついているカビは、カッターを使い削り取る。

2 マスキングテープで、コンセント回りや窓のサンをしっかりとカバーする。養生もなれてくるとサクサクと手早い。

3 床の養生は簡易的に新聞紙を敷いて、その上から養生シートでとめる。床ギリギリの下面から塗り始めた。

4 床から130センチくらいを塗る。下塗り部分と段差ができないように、最後はのばして馴染ませる。

5 重ね塗りはカビを封じ込めるためにも、厚めに塗ってみた。壁面はかなりデコボコだ。

6 部分塗りの二度塗りが完成。乾いてみると、部分塗りしたところの段差はほとんど気にならない。

絵で見る珪藻土塗りのポイント

POINT 01　珪藻土塗りの装い

現場での作業服は、つい面倒なので普段着が多かったのだが、後でシミが落ちなくて作業着へと降格することもしばしばだった。
どんな装いが理想か。珪藻土現場に参加した友人の出で立ちを紹介しよう。①全身をカバーするカッパの上下、②頭にシャワーキャップ、③ビニールの靴カバー、④ビニール手袋、⑤マスクと、理想の完全防御の装いだ。

完璧な出で立ちで現れた友人

POINT 02　養生はたっぷりと三重層に

施工作業は養生にはじまり、養生に終わると、すべての作業現場で学んだ。面倒くさがっていい加減に養生をすると、作業中にテープがはがれたり、養生シートが破れたりして、新たな面倒を生むことになる。特に、珪藻土は、床などにつくとシミになるので、ケチケチせずに三段構えで隅々まできちんと養生を。

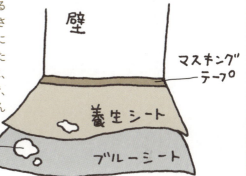
壁／マスキングテープ／養生シート／ブルーシート／けっこう離れたところにも種がとぶ

POINT 03　コテの基本使い

コテさばきは、意外と難しい。プロのコツをおさらいすると、①コテを持った手を手前に捻って、珪藻土をコテ板から受ける。②それを壁に向かって手首を捻り返しながらこすりつける。③その珪藻土を下から上へと右に広げてならす。コテの先端を、気持ち浮かせると、動きがスムーズになる。

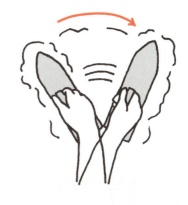

珪藻土のバリエーション

コンクリートむき出しのままだったキッチンの壁を、気分を変えようと珪藻土にしてみた。
少し濃い壁にしたかったので、染料を混ぜてピンクベージュの色合いに。かつての配線ボックスの跡はそのまま残し、その他の壁の凹凸はパテで平らにして、アク止めもしっかり塗る。そして珪藻土はもちろん二度塗り。
壁の色が変わると、キッチンキャビネットの色も変えたくなり、さらにはキッチンワゴンの色も。ペンキ→タイル→ペンキという魔のDIYループにはまったのだった。

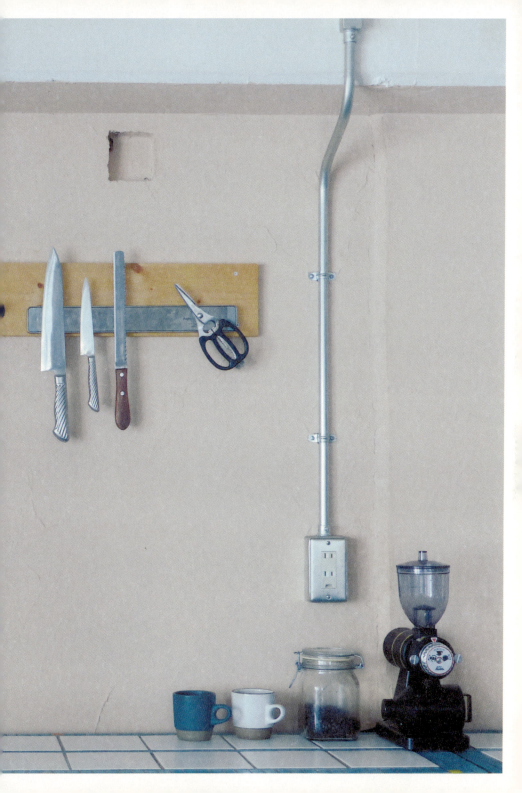

珪藻土の模様のつけ方

珪藻土の模様つけは、二度目の仕上げ塗りをしたあとで平面を平らにならしたうえで、パターン模様をつけていく。使う道具はコテ以外でもいろいろある。風合い豊かな表情を作り出せるので、自由な発想でトライするのも楽しい。

発泡スチロール仕上げ
発泡スチロールを適当な大きさにカットし、壁面にあたるところを荒削りして使う。

スポンジ校倉仕上げ
スポンジの波面を使い、横引きにして仕上げるのが校倉模様。

スポンジさざ波仕上げ
スポンジの波面を使い、円を描くように仕上げるのがさざなみ模様。

刷毛仕上げ
刷毛の固さで、微妙な違いがつく。細かい模様をつけることもできる。

波ヘラ櫛引き仕上げ
波ヘラを使って櫛引き模様をつける。縦に引いていくと、縦の櫛引き模様になる。

大判波ヘラ校倉仕上げ
波ヘラの波の大きさで、また違った大きな校倉模様が描ける。

ランダム仕上げ
ヘラゴテを自由自在に縦に横にパターンなしに引いていくと、ランダムな模様になる。

扇模様仕上げ
コテを大きく円形に動かし、少しずらして重ねていくと扇模様になる。

スパニッシュ仕上げ
コテのエッジを効かして、縦、横、斜めにランダムに模様をつける。

Chapter 05

ペンキを塗る

●手順

| 養生 | ▶マスキングテープを貼る
▶床を養生シートで覆う |

| ペンキを塗る | ▶縁からスタートする
▶中央部分を塗る
▶乾いたら2度塗り |

| 養生をはがす | ▶マスキングテープをはがす
▶養生シートを取る |

白壁にアクセントをつけたい。
ペンキはDIY初心者にはもってこいの
ハードルの低さだったが、
色選びは悩みに悩んだ。
部屋の雰囲気を生かすも殺すも色しだい。
ペンキ屋さんで入ったトイレの青が
気に入って挑んだ色。

基本情報

［作業人数］部員3人（師匠なし）
［費用］合計17,366円
ブルーペンキ2缶…10,044円
グレーペンキ…5,022円
刷毛などその他…2,300円
［面積］ブルー 8㎡、グレー 4.5㎡
［かかった時間］5時間

量をケチってはいけない

部屋の雰囲気を変えるには、壁の色を変えるのがいいらしいと聞き、リビングの白いクロス貼りの壁の一面だけ色を入れてみることにした。

すでに珪藻土塗りもやったし、ペンキは楽勝だろうということで、この現場は師匠なし。失敗しても塗り直せばいいんだからと豪語する50代女子である。そのいい加減さがここでもやはり小さな失敗を生んだ。ペンキが途中で足りなくなって買いに走ったとか、きれいに仕上げるためには、端を塗ってから真ん中を塗ることを知らず、ガンガン真ん中から塗ってしまったとか。ペンキは、1缶で10平米は塗れるというものだったので、二度塗りしたとしても、計算上はギリギリ1缶で間に合うだろうと考えていた。でも一度塗りで3分の2以上も使ってしまい、足りなくなった。無駄に厚塗りしたようだ。下手だとペンキをたくさん使うらしい。

ペンキの色えらび

青系にしようと漠然と思い、ペンキの店に行く。いまは市販のペンキの種類も豊富で、今回ペンキを購入したベンジャミンムーアという店はなんと3,600色も。青だけでも何十種類とあり、色サンプルのシートを見比べて、もんもんと悩む。お店の人のアドバイスでは、塗る広さで色の印象が違ってくるから気をつけてと言われた。ちょっと暗いかなと思った色でも塗る面積が広くなるとずいぶん明るくなるらしい。

結局、たまたまお店のトイレに塗られていた深いブルーがイメージにぴったりだったので、それにした。安易である。でも、もし失敗していたとしても、ペンキ塗りはほんとに手間もかからず簡単だったので、たぶん塗り直したと思う。ペンキ塗りは、床貼りやタイル貼りと違って、もう一回やり直してもいいやという気持ちになれる、ハードルの低い初心者向きのDIYだ。

ペンキ塗りは楽しい

壁のペンキ塗りで、部屋のイメージもがらりと変わったし、思いの外楽しかったので、その後、いろんなところにペンキを塗ってみた。余ったブルー色で、玄関のたたき部分のタイルを部分的に色塗り。これは結果的に失敗。傘の水や靴底でこすれてペンキがはげてしまうのだ。それ以外は、トイレのドアを水色にしたり、キャビネットを赤にしたり。なかなかイメージ通りの色にならなかったこともある。センスよく色を選ぶのはけっこうむずかしい。今後も精進していこうと思う。

ここで使用する道具と材料

● 基本の材料

☐ **マスキングテープ**
幅広のもの、幅狭のものなど、できれば数種類用意しておく

☐ **養生シート(マスカー)**
壁すれすれに貼り、ビニールシート部分を伸ばして床を覆う。150センチ幅のものを使った

● 道具

☐ **スポンジローラー**
ペンキ用のスポンジローラー。ムラなく塗れるので便利

☐ **柄付スポンジ**
ローラー同様に、簡単にペンキがムラなく塗れるもの

☐ **刷毛**
幅広のもの、幅狭のものなど、できれば最低2種類はしておく。細い刷毛は壁や床に近いところ、隅などを塗るため

☐ **ペンキトレイ**
缶からペンキを移して、刷毛やローラーにペンキをしごいて付けるのに使う容器

● 材料

☐ **ペンキ**
ベンジャミンムーアの室内用ペンキ用10ml入り
・ブルー(品番:Aura2060-10)2缶
・グレー(品番:Aura2133-50)1缶
※このコーナーで使っているペンキはすべてベンジャミンムーア商品

▲ペンキトレイ

▲スポンジローラー

▲柄付スポンジ

▲養生シート

▲刷毛

▲ペンキ

▲マスキングテープ

01 下地を整え、ペンキを塗る

ペンキを塗る壁は、珪藻土のときのように、壁紙をはがしてから塗る方法と壁紙の上から塗る方法とがある。どちらでもいいのなら、もちろんせっかちな50代の部員たちは、壁紙をはがさずに、その上から直接ペンキを塗る方法をとる。

すべての現場と同じように、養生からのスタート。コンセント周り、天井との境目はマスキングテープで、床は150センチ幅の養生シートで覆う。現場も場数を踏んでくると、作業も早い。今回はリビングの壁面の一方をブルー色、反対側の壁面をグレー色に塗ることにした。しかし、青といってもいろいろな青がある。ペンキの色選びはタイル同様ほんとにむずかしいのだ。

選んだペンキは、濃い色でも二度塗り以上は必要ないものだという。濃い色は二度塗り以上必要だとは、そもそも知らなかったのだが。また、揮発性有機化合物をまったく含んでいないと説

1 ペンキ塗りの作業も、まずは養生からはじまる。ペンキがついては困るところを、マスキングテープで覆う。

2 床は幅の広いビニールシートつきの養生シートで覆う。その下にブルーシートを敷いておくと完璧。

3 天井との接触面は、ローラーや刷毛幅を考慮して、二重にマスキングテープを貼り、広くカバーする。

4 トレイにペンキを移す。刷毛用には大きいペットボトルを半分に切って、使うこともできる。

5 柄付スポンジで広い面を塗る。たっぷりとペンキを含んでしまうので、スポンジはトレイでしごいてから塗る。

6 本来は壁面の縁回りから塗るが、今回は塗ることに夢中で基本を度外視。最後に上部が残った。

明され、実際、塗っていてもツーンとした臭いがほとんどなかった。

さて、ペンキ塗りである。ペンキを買った店のお兄さんから、「壁面の縁から塗って、中央を」と説明をうけた。にもかかわらず、ブルーのペンキ塗りでは、気持ちが走りすぎた。端から塗る基本をすっかり忘れ、塗りたいところから各自スタートしたのだ。途中でペンキが足りなくなったのも、ローラーやスポンジをあまりしごかなかったので、ペンキをつけすぎたのかもしれない。

反省を生かし、反対壁面は基本に忠実に模範ペイントを目指した。最初のブルーに比べて、色ムラが少なく、出来栄えは上々。

二度塗りを終え、最後にマスキングテープをはがすのだが、半乾き状態のうちにゆっくりとはがさなければならない。完全に乾燥してからはがすと、一緒にペンキがはがれてしまうので。

7 次に、反対の壁面のL字2面をグレー色で塗る。今度は、最初の反省を生かして、基本を守ってスタート。

8 床やコンセント周りなどを養生した後に、下から小さい刷毛で壁面の縁から塗り進める。

9 マスキングテープで養生したコンセント周りも、丁寧に小さい刷毛で塗る。

10 天井側もペンキが天井につかないように気をつけて、壁側の輪郭を刷毛で最低15センチ幅くらいは塗る。

11 残りの広い中央部は、ローラーで塗るといいが、ブルー面で使ってしまったので、色混じりを避けて刷毛を使用。

12 狭い壁面なので、短時間で一度塗りは完成。完全に乾いてから、二度塗りをする。重ねるとムラも目立たなくなる。

絵で見るペンキ塗りのポイント

POINT 01　面積効果

広い面積を塗るときは、広いところ→薄く、明るく、狭いところ→暗く、濃く見えるのだという。このように面積で見え方が違ってくることを面積効果というのだそう。ペンキを選ぶときに注意したい。

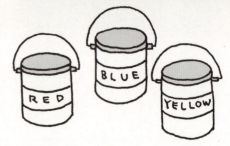

POINT 02　塗り方の基本はW

ペンキの塗り方の基本は、コーナーや他の壁面との境目など、塗る面の縁側から、刷毛で縁取るようにスタートする。その後に、残る広い壁面を、ローラーなどで「W」を書くように、ジグザクとローラーを上下させながら塗っていく。リズミカルにやるのがきれいに塗れるポイント。

POINT 03　コンセントカバーは外す

部員だけの現場にはやはり失敗はつきものだ。コンセント部分をマスキングテープでしっかりカバーし、「養生もすっかり慣れた」と悦に入っていた。しかし、だ。コンセントカバーをはずしてから養生しなければいけなかったのだ。後日、コンセントカバーをはずそうとしたら、ペンキもはげて一緒にくっついてきた。コンセントカバーははずして、塗るべし。

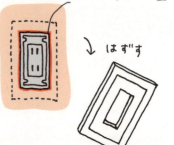

ペンキのバリエーション

ペンキ塗りは一番手軽にできるDIY。壊したり、作り替えたりせず、色を加えるだけで、今までの壁、古い机、普通の棚、いろいろなものを簡単に蘇らせることができる。

写真で紹介するのは、壁を塗ったあと気分が上がって、次々にペンキ塗りに取り組んだ結果だ。

失敗だったかと思ったのは、トイレのブルー。鮮やかすぎて、浮かれたトイレになってしまった。そのうち塗り直したいと思っている。

キャビネット
古くさい感じだったので一度捨てようかと悩んだキャビネット。深い赤色に変身させたらぐっとモダンになった、と思う。（品番：Aura1323）

寝室のコーナーをワインカラーに塗ってみた。暗いかなと迷ったが、逆にシックな感じになり、落ち着いて眠れている。(品番：Aura2073-20)

グレーはなんにでもマッチする。イメージしたのはもう少し落ち着いたグレー。塗ったら明るくなってしまった。でも、部屋が明るくなったのでいいことにした。(品番：Aura2133-50)

もったいない！活用術 2

ペンキが余ったら、とにかくどこかを、なにかを塗らなくてはと思ってしまう。それが、50代のもったいない精神の性である。そんな色に塗るの？と家族の冷たい視線をよそに、手当たり次第にせっせと塗りまくったペンキコレクション。

スツール＆キッチンキャビネット
塗装がはげ、白いペンキのこぼれた跡がついていた木製スツール。キッチンのキャビネットドアを塗った余りのペンキで同じ色に。キッチンに統一感が出た。（品番：Aura439）

トイレのドア
トイレに入るのが楽しくなるような色を目指したが、明るすぎた…。でもすごくきれいな色だった。（品番：Aura2055-40）

薬箱
20年近く使っていた木製の薬箱を板厚のエッジは残して、キャビネットの残りの赤で塗ってみた。

植木鉢
どんな色になっても「かわいい！」と自己満足にひたれる。

キッチンワゴン
ワゴンのフレーム部分を黄色に塗ってみた。明るすぎる色かなと思ったが、意外とキッチンのアクセントになった。

Chapter 06

木工・造り付け家具

●手順

図を描く
▶イメージ図を描く
▶設計図・木取り図を描く
▶材料を注文する

本体の組み立て
▶棚板を合わせる
▶側面板をとめる
▶仕切り板をつける

引き出しの組み立て
▶板を四角に組む
▶底板を入れる

塗装と設置
▶塗装する
▶引き出しレールをつける
▶設置して固定する
▶天板を入れる

部屋を広い印象にしようと作った出窓空間。
しかし、座るには座高面が高く、昼寝したり、物を置いたり…
もてあましている場所だった。
その空間を、本やCDを収納できる
造り付けのキャビネットに変えたい。
山桜の無垢の木の扱いに手こずりながら、
初めて挑んだ家具作り。

基本情報
［作業人数］師匠・細川＋部員1人
［費用］合計67,861円
木材材料費…54,305円
塗装など…6,156円
引き出しレールなど…2,600円
取っ手…4,800円
［出窓のサイズ］幅1680ミリ×奥行500ミリ×高さ610ミリ
［かかった時間］8時間

before

家具作りデビュー

棚くらいしか作ったことがない人間が、家具なんていきなり作れるのだろうか？

だが、野望だけは一人前に持っていた。出窓のスペースは最初は昼寝に使っていたが、なくてもよかった。ならば、ここにぴったりとしたキャビネットを置きたい。ダイニングテーブルや食器棚と同じ素材の収納家具があれば……ステキじゃない〜！　既成品を探したが、ピタリとはまる家具などない。

一人妄想で終わるところへ、師匠登場で、一気に現実みをおびた。

究極のセルフメイド家具……オンリーワンのこだわりをカタチにできると盛り上がりは頂点に。

しかしながら、志が高い割には実力が伴わないという現実にいきなり直面する。最初の図面描きから、師匠に手取り足取り教えてもらうことに。画集や写真集など大判の本を入れられる本棚スペースと、引き出しにはCDを収納できる場所、サイズを測りながら設計図を描く。

無垢は高い

ほぼ基本の設計図が描けたら、それを元にどんな材料が必要になるかを考えていく。今の世の中はなんと便利なこ とか。ネットで木材を探すと、注文に応じてフリーカットまでして送ってくれるのだ。「楽勝だ」とガッツポーズ。材料は他の家具に合わせたかったので、「無垢の山桜」は譲れなかった。が、無垢って高い。「全部を無垢にしなくてもいいんじゃないですか？」と妄想をくだく師匠の言葉。現実に戻って、外から見える天板と引き出しの表板だけを無垢にし、あとはぐっとお得なノースパインの集成材を中板にして、引き出しは合板を使うことに。やっとリーズナブルな予算になった。

木は嘘をつかない

2メートル近い木材に埋もれたリビングを見渡したとき、正直、本当にできるのか不安になった。組み立て作業が進んで外枠を師匠と二人だけで出窓に押し入れたときは、その重さに泣きそうになった。もう二度と出せないし、出したくないほど、大変だった。地震でも絶対に飛び出さないだろう。

さらに、無垢の木材は思ったより固く、引き出しの取っ手の木ネジを入れるのもひと苦労。

でも、ワックスを塗って山桜の美しい木目に対面した瞬間、やっぱり裏切られてなかったと確信した。まるで、最初から家にあった家具のように納まったのだった。

ここで使用する道具と材料

● 基本の道具

- [ ] のこぎり
- [ ] 金槌
- [ ] 差金
- [ ] メタルメジャー

● 道具

- [ ] ジグソー
  切りかきを作るときに使う。使い方はP.094参照
- [ ] ドライバードリル
  下穴あけ、木ネジどめに使う。下穴用ビットも必要。使い方はP.096参照
- [ ] インパクトドライバー
  木ネジをとめるときに使う。使い方はP.096参照
- [ ] ダボ錐
  インパクトや電動ドライバーの先につけるドリルビット。ダボを入れる穴をあけるため

● 材料

- [ ] 紙ヤスリ
  木材の面取りに使用。中目くらいでいい
- [ ] 木材
  キャビネット本体、引き出しの材料の詳細はP.079参照
- [ ] 木ネジ
  40ミリのビスを使用
- [ ] 丸棒（ダボの埋木用）
  π8ミリの丸棒1本用意。ダボの埋め木に
- [ ] 木工用ボンド
  ダボを埋め込むときに使う
- [ ] スチールウール
  木材を塗装するときに使う
- [ ] 下塗り剤
  ブライワック専用下塗り剤を使用
- [ ] 塗装用ワックス
  自然塗装ブライワックス（カラー：オークカラー）を使用
- [ ] ウエス
  ワックス塗装後に磨くこむために使うボロ布
- [ ] 引き出しスライダー
  250ミリの引き出しのレール4セット
- [ ] 真鍮取手
  4個。アメリカで購入した取っ手
- [ ] L字金具
  2個。天板を内側から固定するために

▲ジグソー
▲ブライワックス下塗剤
▲ブライワックス
▲インパクトドライバー
引き出しスライダー▶
▲のこぎり
▲真鍮取っ手

01 設計図・木取り図を描く

家具作りは「設計図」を描くことからはじまる。「木工はどんな小さいものでも、設計図を描くのが大事」と師匠は言う。

しかし、初心者がいきなり正確な設計図を引くのはむずかしい。「まずどんなものを作りたいか絵にしてみてください」と師匠に言われ、下手な絵を描き、それを元に設計図に取りかかる。窓下のスペースにぴったりと入れたかったので、幅はしっかり測る。そして高さ、奥行きの寸法を決めていった。今回作りたい家具は、大きく分けると、本体部分と引き出し部分の2つに分かれるので、設計図も本体と引き出しそれぞれを描くことに。引き出しにはCDを入れようと決めていたので、CDを出し入れしやすい高さにする。

「この設計図から、どんなサイズの木材が必要なのか、展開図を作る。これを木取り図*といいます」と師匠。

木取り図では、まず木材の板厚を決めなければならない。木材通販のサイトを見ながら、無垢の天板は25ミリ、棚板と側板を20ミリに決めた。この板の厚さに注意しながら、木取り図でそれぞれの板のサイズを出していく。

今回、選んだ木材サイトは、無垢・集成材ともプレカット代はフリー。とはいえ、慎重にサイズを指定し注文。間違ったら元も子もない。とくに無垢板は重いし、値段が高い。

今回は、プレカットオーダーがあったから、挑戦できたとつくづく思う。

手順❶ イメージ図
どんなキャビネットを作りたいのかイメージを絵に描いてみる。

手順❷ 本体の木取り図

本体の設計図と木取り図を描く。天板のみ板厚25ミリの無垢の山桜、それ以外は板厚20ミリのノースパイン集成材を使用。背板はなし。

▼設計図

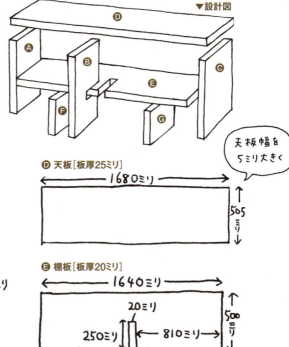

❹❻ 側板
[板厚20ミリ]
500ミリ × 585ミリ

❽ 中心の仕切り板
[板厚20ミリ]
500ミリ × 585ミリ、250ミリ、20ミリ、200ミリ

❺❼ 下段の仕切り版
[板厚20ミリ]
500ミリ × 200ミリ

❹ 天板[板厚25ミリ]
1680ミリ × 505ミリ

天板幅を5ミリ大きく

❺ 棚板[板厚20ミリ]
1640ミリ × 500ミリ、250ミリ、20ミリ、810ミリ

手順❸ 引き出しの木取り図

引き出しの設計図と木取り図を描く。表板のみ板厚25ミリの無垢の山桜、それ以外はベニア板を使用。底板は中に落としこむので少し小さめに。引き出しは4つ作るので、それぞれ4つ分を用意。

▼設計図

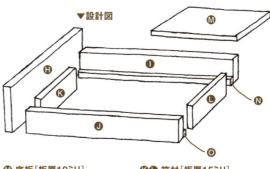

❽ 表板[板厚25ミリ]
390ミリ × 190ミリ

❾❿ 箱材[板厚15ミリ]
480ミリ × 125ミリ

⓫ 底板[板厚10ミリ]
455ミリ × 350ミリ

⓬⓭ 箱材[板厚15ミリ]
351ミリ × 125ミリ

⓮⓯ 角棒
425ミリ、10ミリ角

02 本体を組み立てる

注文したプレカット材料がすべて揃い、木材で部屋が埋め尽くされた。
「木材は使う前に、木目にそってすべての面を紙ヤスリできれいにならして。仕上がりがぐっときれいになるから」と師匠はいうが、これだけの木材に紙ヤスリをかけるのかと思うと途方に暮れる。まずは本体の板にしこしこヤスリをかけること30分くらい。すでに腕が疲れ始める。
さて、いよいよ組み立て。最初は、棚板と中央仕切板にケガキ線を入れ、「切りかき※」を作り、板と板をかみ合わせるという作業から始める。
ジグソーで切りかきを切っていくのだが、ジグソーは初めてだ。失敗したら代わりの木はない。ここはズルして師匠にまかせた。自分でやりたいなら、初心者は、事前にいらない木で練習しておいたほうがいいと思う。師匠の腕できれいな切りかきができた。
あとはもっぱら、木ネジでとめていく。
「どんな木工作業も下穴をあけるのが基本」という指示に、電動ドリルで下穴をちゃんとあけて木ネジでとめる。サイズ通りに仕上がっているか、側板をつけたところで、スペースにはめこんで確認したが、さすがプレカット。本体のサイズはピッタリで、調整する必要がなかった。
天板はいちばん最後につけるので、引き出しの仕切り板をつけたところで、組み立て終了である。本体枠だけでも、相当重くなっていてびびる。

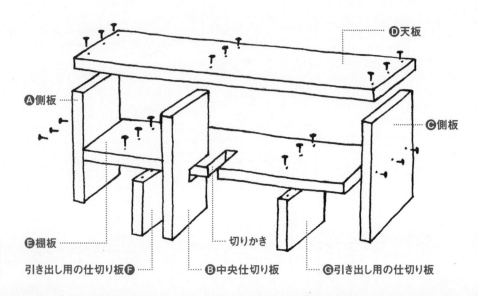

Ⓐ側板　Ⓓ天板　Ⓒ側板　Ⓔ棚板　引き出し用の仕切り板Ⓕ　Ⓑ中央仕切り板　切りかき　Ⓖ引き出し用の仕切り板

1 左図にあるように、❸と❺、それぞれの板の中央に切りかきを入れる。まず寸法をとる。

2 ジグソーで切りかきを切る前に、角でジグソーがUターンできるように、ドリルで穴を2カ所にあける。

3 ジグソーで直線2本をまず切っていく。その後ジグソーの刃をUターン用の穴まで持ってきて、方向を変え、板を切り落とす。

4 切りかきにヤスリをかける。こうして、棚板と仕切り板の2枚に、同じサイズの切りかきができる。

5 棚板と仕切り板の切りかきを十字にかませ、あて木をして、金槌で叩きながら最後までしっかり入れ込む。

6 側板と棚板を合わせ、印をつけ、ずれないように2枚一緒に下穴をあけ、木ネジでとめる。これが出来るのは師匠のテク。

7 両側の側板をつけた段階で出窓に入れてみる。入らないということはないと思ったが…今回は一回でピッタリ。

8 引き出し用の仕切り板をつける。棚板に下穴3カ所をあけて、木ネジでとめる。木ネジの頭はダボできれいに隠す (p.83)。

9 出窓に置いたまま仕切り板をつけ本体枠は完成。しかし、再び塗装のため、下におろすのだった…。

03 引き出しを組み立てる

引き出しの組み立ては、師匠が帰ってからひとりですすめた。

引き出し枠はベニア板なので、電動ドリルで木ネジどめするのもそんなにむずかしくない。気をつけたのは、木ネジがまっすぐ入るように、ドライバードリルをまっすぐ直角に持つことと、板が割れやすいのでドリルの速度を遅くすること。せっかちはいけない。

しかし、師匠がいないのをいいことに下穴もあけずに、木ネジをつける。合板なので、まあいいのだ。

翌日に師匠登場。底板を支える角棒を左右につけて、底板をはめ込む。引き出し作りのむずかしさは、四隅の直角を出すことだという。今回は難なく板をはめることができたのは、たぶん木ネジがまっすぐ打てたことと、箱が小さかったので、板がゆがまなかったことが、勝因だと考えられる。

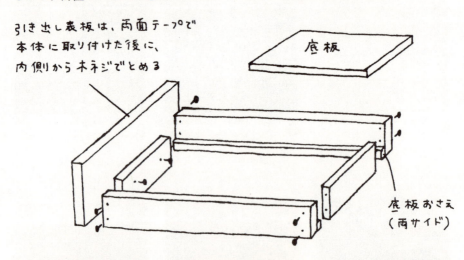

引き出し表板は、両面テープで本体に取り付けた後に、内側から木ネジでとめる

底板

底板おさえ（両サイド）

1 引き出しは、木ネジで2点どめし、4面を組み立てる。板が割れやすいので、ドリルの速度は遅めにして木ネジをとめる。

2 底板を支える角棒を、引き出し箱の左右に木ネジで取りつける。棒は細いので割れないように注意。下穴をあけるといい。

3 引き出しの底板をはめ込む。底板は箱枠サイズより1ミリくらい小さいサイズにプレカットオーダーした。ピッタリ合った。

木ダボで木ネジの頭を隠す

ダボとは、そもそもは木材同士をつなぎ合わせるときに使う木の棒のこと。木ネジの頭を隠すためにも使う。今回の作業では、中板に出る木ネジの頭を隠すために、ダボを使った。ひと手間かかるが、プロっぽい仕上げになるので、かっこよく見せたい人にはおすすめだ。右のような市販のものもあるが、丸棒を使ってもできる。

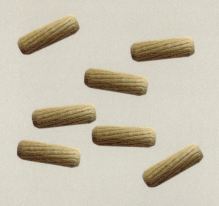

1 丸棒（ダボ）と同じ太さのドリルビットをつける。穴をあける深さを決め、ドリルビットにテープを貼っておく。

2 テープの位置までドリルをいれて、穴をあける。ゆっくりまっすぐに。

3 その穴に、まず木ネジをいれる。ダボ分より下にネジ頭がくるように入れ込む。

4 木ネジを打った穴に、木工ボンドを入れ、丸棒を金槌でゆっくりと入れ込む。丸棒を割らないように。

5 下板に沿わせて、のこぎりを平行にスライドさせ、丸棒を切り取る。下板を傷つけないように注意が必要。

6 紙やすりで表面をならして、きれいにする。ぴたりときれいに入れ込むと、プロの仕上がりに近づく。

04 塗装と設置

さあ仕上げだ。はめ込んでいた本体をいったんはずして、塗装を開始する。他の家具と同じ色調にするために、ブライワックスという色がつく自然塗料を使うことにした。アンティーク調でしかも艶のある仕上がりになるというすぐれものだ。

引き出しのレールつけにちょっと手こずったが、取り付け書を真面目に読んでなんとか完了。

いよいよ設置。引き出しがつくと、さらに重い。しかもピッタリサイズなので、師匠と2人でえんやこらと出窓にのせ、ぐいぐい押し込む。念には念をと、家具を内側から木ネジで壁に固定する師匠。もうはずせない。

最後に重い無垢の山桜の天板を取りつける。細部にこだわる師匠のもと、天板を何度も紙ヤスリで削り、側板とピッタリ合わせる。美は細部に宿る、とはまさにこのことだ。仕上がりの美しさに疲れも吹き飛んだ。バンザーイ。

1 塗装。下塗りの水性塗装剤を布で塗り込む。その上からワックス塗装をスチールウール※で塗り、ウエスで磨きこんでいく。

2 切りかきの合わせを動かないようにするために木ネジでとめる。表裏から2カ所で。木ネジは一方が上、一方は下でとめる。

3 引き出しのレールを本体側板に取りつける。レールの説明書にそって、引き出し部分にも同様につける。

4 レールがついたら、引き出しを入れ、スムーズに引き出せるかをチェック。4つの引き出しを取りつけたら、再び出窓へ戻す。

5 引き出し表板を取りつける。まずは位置を目で確認し、両面テープで引き出しに仮どめする。

6 表板がずれないように引き出しごとゆっくり引いて、内側から木ネジでとめる。底板を外して作業するとやりやすい。

大きなスペースに造り付け家具をおく場合は、家具の重量も考えたほうがいい。背板はつけていないが、無垢と集成材だけでも想像以上に重い。地震のことも考え、二度と取り出さない永久設置造り付け家具にした。

7 引き出しの取っ手をつける。ドリルで下穴をあけ、ネジでとめる。無垢の板が固くて、ドリルが空回り。手動で仕上げた。

8 キャビネットを壁に固定。上段の側面4カ所を木ネジでとめる。完全な転倒防止策を施した。師匠は完璧主義者だった。

9 木ネジの頭を隠すためにネジキャップをはめる。最後に天板をのせ、さらに内側からL字で固定させ、完成だ。

絵で見る造り付け家具のポイント

POINT 01　設計図は必ず描く

木工作業は、どんな小さいものを作るときでも、まずは設計図が欠かせない。設計図を展開させて木取り図を描くことで、板の厚みやサイズ、板の注文数の間違いが防げる。プレカットで木材を注文するなら、なおさら必須。今回の注意ポイントは、中棚板は天板の長さより、側板厚2枚分だけ短く、ということ。

POINT 02　切りかき合わせを固定

家具作りは、見た目の美しさがとても重要だ。板と板の十字合わせには、見た目の美しさと強度の強さ両方を併せ持った「切りかき」を師匠から指導された。
2枚の板の切りかきを十字に合わせた後に、さらに動かないように木ネジを入れて固定すれば完璧。木ネジを斜めに入れるときは、板を貫通させないように慎重に。

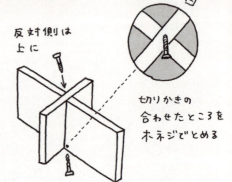

POINT 03　引き出しのテク

4つの引き出しがきれいに揃って入っていることも、家具の美しさを決めるポイント。ここは、測った寸法よりも、自分の目を信じて、表板の取りつけ位置を目視で決める。引き出し側に両面テープを貼っておき、表板の位置が決まったら、ぐっと表板を押しつける。引き出しを表板ごとそっと引き出し、裏から木ネジでとめる。

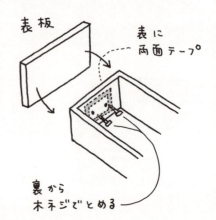

木工のバリエーション

木工のリノベ熱のはじまりは、実はこの玄関ドアから。築年数もたち、西日焼けと雨風で、色の薄い木製ドアの下部がぼろぼろになってしまった。
塗りなおすかどうか、家を建ててくれたプロに相談すると、ドアを取り替えるしかないという。それならば、まず自分であれこれ好きにやってみようと思い立った。失敗してもどうせドアを取り替えるしかないのだから。
そしてやってみたのが、京都の町家のイメージで焼いた杉板を貼ること。杉板をバーナーで焼き、タワシでこすり、炭を洗い流す。下から順に直接ドアに銅の釘で打ち、取り付けた。上出来。しばらくはこのドアのままでいよう。

玄関ドア
切った杉板の6面をバーナーでしっかりと焼く。10ミリ幅の木片をかませて隙間を均等にした。直接ドアの上に杉板を貼るテクはプロの辞書にはないらしい。素人にしかできない技もある。

木とアイアンのスツール

丸椅子がほしかったので、「こんな感じで作って」と、アイアン部分を知り合いの鉄工所に頼む。座面の丸板も、プレカットオーダー。つまり、私たちがやった作業は、木とアイアンを木ネジでとめ、そのあと、座面の板を塗装しただけ。板のサイズがちょっと小さかったのが失敗。

ハーフメイドの簡単本棚

アイアンと木は相性がいいと思う。鉄によって補強されるし、見た目もかっこいい。
この本棚も、両脇のアイアンをオーダーし、棚板はプレカットのレッドシダー。横幅が1510ミリあり、棚板は薄すぎるとたわむので、厚さ38ミリの2×4の板にした。これだけの大物になると、組み立てに3人くらい人出がいる。

プレカット木材で簡単タンス

桐は高いので、シナベニアを使い、和服タンスを作った。材料はプレカット。塗装はオイルステイン仕上げ。下にキャスターをつけたので移動が楽々。

中はベニア板で8段に仕切っただけ。棚受けの木にのせただけなので、棚板ごと引き出せる。着物の重みで少したわんでしまった。少し厚めの板にしてもよかったと反省。

木材のこと

木工作業をする際には、材料となる木材のことを知っておくと便利だと思う。
用途やサイズによって適した木材があるのだそうだ。
木の種類には、大きく分けて広葉樹と針葉樹の二種類がある。
【広葉樹】堅いので狂いづらい。耐久性に優れている。幹が太いので一枚板の天板や家具などに多く使われている。ケヤキ、タモ、桐、山桜など
【針葉樹】やわらかいので加工しやすい。ヒノキは水に強い。柱など長いものに使われることが多い。松、杉、ヒバなど

●基本の板の種類

無垢材
原木から切り出した木そのもの。調湿作用があるのが特徴だが、縮んだり膨らんだり狂いやすいのが難点。木の持つ見た目の美しさは抜群。種類にもよるが値段的には割高になるものが多い。

集成材
間伐材など細い木材を、何層にも貼り合わせて仕上げた木材。狂い、反り、割れなどが起こりにくく安定性が高い。幅の広いものを作るのに向いている。天板、家具などに広く使われている木材。

合板
原木をカツラムキのように薄くしたものを、重ねて接着剤で張り合わせることで強度が上がる。強く、幅広で、伸び縮みが少なく、安くて丈夫で、扱いやすいのが特徴。ベニヤ板などがこれ。

Chapter 07
DIYに役立つ道具

01 電動丸のこ

- スイッチ
- のこ刃
- 深さ調整用レバー
- ベース
- 安全カバー
- 角度調整用ツマミネジ
- トップガイド

手のこぎりで切りにくい厚い板などを、きれいに切るのに便利な電動丸のこ。丸い刃を高速回転させることで、板の断面を真っすぐにかつ垂直（縦／横）に切ることができる。刃の垂直の角度を変えて、斜め切りも可能。刃を替えれば、木材だけでなく、プラスチックや金属類も切断できる。のこぎりが不得手な人にはお役立ちの電動工具。しかし、多くの電動工具に共通しているが、危険も伴う。刃の交換時は必ず電源を切る、軍手や衣服をまきこまないようにするなど、細心の注意が必要だ。

ベースをしっかりと木材に密着させ、トップガイドをケガキ線に合わせ、刃がしっかりあたるように切断する。切っている最中に木材が飛ぶキックバックを防ぐには、①定規ガイドの治具を使う、②クランプ※などで木材を固定するなど、安全に作業できように心がけたい。

1 ベースの角度を変えて、切り込みの深さを調整する。木材の厚みより、刃の出シロを2〜3ミリ出す。

2 ケガキ線に治具の棒を合わせる。刃の厚みは2〜3ミリあるので、切りしろ※を考慮し、刃が墨線の外側にあたるようにする。

3 切断するときは、ケガキ線の真下に切り台を置くと、木材のキックバックを防ぎ、切り口もきれいに切断できる。

02 スライド丸のこ

- ブレードケース
- アーム
- 安全カバー
- 刃口板
- ロックレバー
- グリップ
- ターンベース
- ガイドフェンス
- 固定クランプ

スライド丸のこは、直角も簡単に出せ、切り口も美しい。初心者にもっともおすすめの丸のこといってもいい。手持ちの電動丸のこと違い、据え付けて切断できるので、キックバックする危険性も低く、力のないDIY女子向けだ。スライド丸のこのナイスなポイントをまとめると、①正確な切断、②手ブレが無い、③卓上盤、両傾斜の角度切りが可能で、四方に傾けて四隅の切断が簡単にできる、こと。

慣れてくると固定用クランプを使わず、手で押さえるだけで、すいすい位置ズレもなく切断できる。
長い材料の場合、補助ローラーや台で同じ高さに調整して切断する。今回の現場では、床材を切るときに大活躍した。使ったタイプは、板幅30センチくらいまで切断できるもの。極端に短い板を切るのは不向き。保管する場所もとるので、1台を数人のDIY仲間でシェアすることをおすすめしたい。

1 クランプで木材を固定することでキックバックを防ぐ。切断可能の板の厚みは60ミリ前後くらい。

2 アームを手前側にスライドさせておき、スイッチを入れ、刃を回転させる。

3 アームを押し下げ、奥にスライドさせて切断する。アームを傾斜させると傾斜切断もできる。

03 ジグソー

- ロックボタン
- スピード調整ダイヤル
- スイッチの引金
- ベース
- ジグソー刃

細い糸のこぎりの刃を、電動でミシンのように上下させ、材料を切断する工具。木材にジグソーのベースを密着させ、本体を押し出すようにして切断していく。ベースを傾斜させることにより、傾斜切断も可能になる。
曲線切りや細工加工、型抜きなどの切り抜き加工作業に多く使われる。基本的に、直線切りより、曲線切りが得意な工具だ。
今回の現場では、造り付け家具の棚板と仕切り板を合わせた切りかきを、ジグソーを使って切り取った。直線切りをきれいに仕上げるためには、刃が細いので、本体が暴れないように、しっかり上から抑えるように切る。
曲線を切る場合は、ゆっくりと刃を進めないと、切り口が汚くなる。くり抜き切断は、この工具だから出来る技で、1〜2ミリの穴から、ジグソーの刃を差し込んで回り込みしながら、切断していく。これはかなりの練習が必要。

1 ジグソーを使って、板の角を丸く切ってみた。まずは、差金を使い曲線を描く。

2 鉛筆のケガキ線にジグソーの刃を合わせ、ベースをしっかり板につけ、ゆっくりと押し出すようにして切り込む。

3 切り取った切り口はヤスリをかけて、きれいに整える。

04 差金(さしがね)

差金は大工仕事には欠かせない道具。直角、直線は言うまでもなく、しならせて曲線も描け、深さや太さも簡単に測れるすぐれもの。
長い方を長手(ながて)※、短い方を妻手(つまて)※(短手)といい、長手が50センチのもの、裏表にミリ、センチが刻まれているのが一般的。
使いこなせるようになると、素人DIY作業もプロっぽくみえる。

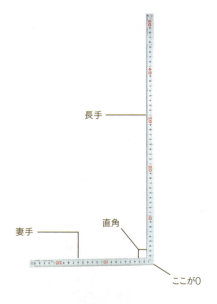

長手 / 妻手 / 直角 / ここが0

● 直角に墨付け

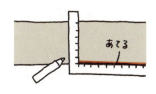

長手の方を部材にピタリとくっつけて、妻手側で直角線の墨付け※をする。鉛筆は差金にあたるように斜めに傾ける。

● 直角の確認

部材の切り口が直角かどうかを確かめるのに、差金の内側の角コーナーを使う。

● 等分割

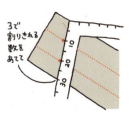

部材の一方の端を0にして、もう一方を3等分にしたい場合は3で割り切れる数字を、もう一方の端に合わせる。

● 木口に墨付け

木口に差金を立てて、墨付けをする。2つの材を組み立てる時に接合する場所がはっきりして、ズレが生じない。

● 角度で線を引く

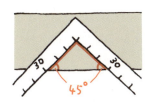

両方の持ち手を同じ数字に合わせると45°。一方の辺を半分の長さにすると、30°と60°の角度が取れる。

● 曲線を描く

差金はしならせて使える。端から同じ長さを取れば、左右対称の扇型が描ける。しならせ具合で扇の形も変わる。

05 インパクトドライバー、ドライバードリル

●インパクトドライバー
回転に、叩く力が加わる。大型家具、デッキなどのネジ締め（長いネジ、硬い材）に使用。強い力がかかるので、穴あけには不向き。

●ドライバードリル
回転のみ。穴あけ、ネジ締め（短いネジ、柔らかい材）に使う。ビットを変えてグラインダーにも使える。

基本的に両方とも、部材を木ネジで固定するための電動工具。工具の形状も似ているし、まっすぐ押さえ込んでいく使い方も同じ。どんな機能の違いがあるのか、初心者にはわかりにくい。今回の現場では、造り付け家具本体の木ネジどめでインパクトドライバーを使った。しかし、下穴あけやダボの穴あけは、ドライバードリルを使った。引き出しの組み立ても、ベニア板など割れやすいものはドライバードリル。つまり、組み立て式の家具や小物作りなど、材料が比較的弱いものであれば、ドライバードリルが向いている。なぜなら、インパクトドライバーにないクラッチ機能があり、設定したトルク（締め付ける力）に達するとブレーキがかかるので、部材を壊すことがなく、デリケートな場所にも対応できる。初心者向きでもある。
一方、材料が太く固いもの、厚い棚や大きな家具など、太くて長いビスで締めつけないと強度が保てないときには、インパクトドライバーの出番となる。デッキ材などの硬い材質のネジを入れるときや、モルタル壁にネジ穴をあけたいときなどは、インパクトドライバーを使う。ただし、木ネジの頭が木材に陥没することもあるので注意が必要だ。

06 木ネジ

　木ネジ（ビス）を使うのか、釘を使うべきか。プロに聞くと、部材にかかる力の種類によって使い分けるという。釘は横方向の力に強く、上下方向には弱い。反対に木ネジは横方向の動きに弱く、上下方向の動きに強い。
　今回の現場では、床貼りのサネには釘を使い、造り付け家具や棚板などには木ネジを使用した。
　DIYでは基本的に木ネジの使用頻度が多い。部材の硬さにもよるが、素人は下穴をあけて使うのが基本。下穴は木ネジの長さの3分の2程度にあける。下穴ビットに目印のテープをつけておくといい（写真A）。木ネジの長さは部材に対して、2倍くらいの長さのものを使うといいということだ（写真B）。

写真A

写真B

壁とネジの使い分け

　マンションの壁にはどんなネジを使ったらいいのか迷った。モルタル壁には普通に木ネジを打てないので、偏芯プラグを使ったが、タッピングネジを使う方法もあるとのこと。また、石膏ボードの壁は、専用のアンカーを使ってネジを入れる。通常、ボードの厚みが9～12ミリなので、25ミリ以上のネジを使ったほうがいい。

モルタルの壁の場合
偏芯プラグ
タッピングネジ（※）

石膏ボードの壁の場合
石膏ボード用アンカー

※タッピングネジ…木ネジは全長の2/3ほどがネジ部になっている。似ているが全長がネジ部になっているのが、タッピングネジ。このネジは金属などを締結するのに向いている。

50代からの
DIY心得

50代だから手抜きもできるし無理しない。
気分に合わせて住まいに手を入れていく心地よさがある。
新しいことにチャレンジするのが億劫になる
50代だけど、はじめたら最後まで投げ出さない
根性は50代の強み。

戸塚貴子
国内外の引っ越しを18回経験。そのたびに、手直ししては手放すを繰り返したが、そろそろ年貢の納め時。

那須ゆかり
古いマンションを購入したことを機に、仲間を引き込み、リノベDIYを決行。

佐藤智砂
コンクリートむき出しだったキッチンが今回のリノベで生まれ変わって大満足。次はトイレと玄関だ！

【床貼り】
最後の一枚が
一番むずかしい

戸塚 まずは取りかかった現場の順に話していきましょうか。初っぱなに床貼り。つらかったですね……。

那須 床貼り途中で、すでに腰にきて、「あっ、これはヤバい」と。

戸塚 床貼りの作業は、板の長さを測って切って、ボンドでつけ、板同士の木ザネをコンコンとしっかり合わせて、最後に釘で打つという超単純作業だけど、中腰の姿勢が続いて、すごくつらくなってくる。田植えと一緒ですから……。

那須 床貼りの作業を何も知らなかったからこそできたとも言える。自分で床貼りをしたかったのは、やっぱりコスト削減。プロにお任せするとそれなりに高いわけです(平均6畳で、7〜10万くらいと言われた)。で、プロの人に聞いてみると、「素人でもやろうと思えばできるよ」と言われて。軽いノリで「じゃあ、やってみよう」と。いまから思えば、言うほうも適当だし、その言葉に乗るほうも適当(笑)。

佐藤 知らないから動けたということね。でも、DIY師匠がいなかったらできなかったんじゃない?

戸塚 特に私たちのような木工初心者には。プロの助けなしでは手を出しにくいリノベでしょう。

那須 ただ、作業自体はむずかしくない。強いて言えば、最後の一枚の合わせがむずかしいんです。床板と床板を少し浮かせて合わせ、最後に2枚を一緒に上から叩いてぴっちり収める。こういうことも現場で師匠に教わって初めて知りました。床貼りは寸法を正確に測り、正確に木を切る几帳面さが要。そこは師匠の麻衣ちゃんのヘルプがあってこそ。几帳面さ以外に必要なのは若さですかね(笑)。床貼りの翌日から3日間、足腰が使いものになりませんでしたから。

戸塚 50代の床貼りは、翌日マッサージを予約しておくべし(笑)。

【珪藻土】
雑な仕上げが
逆に味わいに

戸塚 次の現場は珪藻土でした。たしか床貼りの1週間後くらいに珪藻土塗りだった？

那須 たぶんそう。ようやく足腰の痛みが引き、二の腕も上がるようになったときで、珪藻土で次はどこをやられるのか不安になりつつ……。

戸塚 でも、やってみると壁紙はがしと養生が思いのほか大変だったけど、塗るという作業は意外に簡単でしたね。

那須 やっぱり初めてだとコテの使い方はむずかしかった。コテ板から珪藻土をコテにのせて、手首をひねって壁に塗る。頭でわかっていても、コテから珪藻土がポタポタ床に落ちる。無垢の床板を貼りたてだったから、心底、ブルーシート敷いてよかったと。

戸塚 5人で塗ったから、コテの使い方でそれぞれ壁に個性が出てしまいましたよね。家主的には塗りがバラバラでいやだな、とか？

那須 いや、全然バラバラでよかったですよ。珪藻土の良さのひとつは、ざっくり感でもあるし、……後になってみると、その文様もまたいいし、あ、ここはあなたでしょ、みたいなみんなで仕上げた記憶も残る。

佐藤 そういえば、珪藻土は、クロスの上から直接塗ってもいいと師匠の萌ちゃんに言われたんだよね？

那須 そう。でも、この部屋はものすごいカビが出ていたから、もうこりゃ壁紙はがさないわけにはいかないなと。カビが出にくいと思い、珪藻土を塗ることにしたんだけど、本文にもあるように、やっぱりカビは出ました。そのあたりの反省点と顛末は、本文でじっくり書いているので、参考にしてもらえばと思います。

佐藤 珪藻土の作業で50代注意報をひとつ。脚立を使って上を塗る時に……ずっと上向いて脚立から降りようとしたらふら〜となり、こけました。そして下に置いてあったコ

タイル選びの手間は
絶対に惜しまないほうがいい

テにあたった……少し頭が切れました。ちょっとしたことですが、そういうのは50代は気をつけたほうがいいポイントでしょう。

戸塚 二次災害ですからね、入院なんてことになったら（笑）。

【タイル】
厚いタイルが
こんなに大変だとは

佐藤 大物続きで台所のタイルです。

那須 あとの祭りの話だけど、厚いタイルの目地入れがこれほど大変だと知っていたら、別のものを選んでいましたね。

戸塚 その通り。タイルの厚みは要注意。その反省点をふまえて、うちのトイレのタイルは薄いタイルにして楽勝でした（笑）。

那須 キッチンカウンターの上にのって、座ってする作業が背中にきたよね？

戸塚 もちろんきた（笑）。

那須 目地入れに関していうと、きっちり入れこむには最後は素手しかない。もう汚れもなにもかまわず必死。目地を入れたあとに、タイルを何度もきれいに拭いて仕上げる作業がさらに大変。四十肩、五十肩の人はやめといたほうがいいですね。換気扇の裏とか見えないところは手抜きしまくったし……。

戸塚 ちょっと妥協できるところも50代の良さ。

佐藤 ところで、ショールームで見るサンプルタイルと、貼って目地入れしたあとのタイルでは全然印象が違うことに驚かなかった？ 特に、ガラスタイルは接着剤と目地の色で印象が激変して、ああ目地の色も大事なんだなと。

那須 ネットで見ただけで買ってはだめですね。見本を取り寄せて実際に見なければ印象がぜんぜん違うから。いくら雑でもいいじゃんと言っても、ここは手間を惜しまないで心血をそそがないとね。ペンキと違ってタイルだから、後悔してもやり直しはきつい。

戸塚　いろんなタイルを見ると、ここにはこういうタイルを貼ろうかなとかアイディアがむくむく湧くし、あれだけの大物の壁じゃなければ、わりあい簡単に貼れるし。タイル施行は楽しいDIY。

佐藤　タイル貼りで、師匠から教わってよかったのは、2つのタイルの境界線から貼り始めること、ですね。

那須　そうね。知らなかったら端から貼ってましたね。で、中央に半端な切りタイルが来て、あちゃーってなってたかもしれない。

戸塚　そもそも初心者があんな大物から挑戦するというのは無謀だったかもしれない。もっと小さなものや平面だったら、目地入れも拭き取りも楽だし。実際、そのあと洗面台とかキッチンキャビネットとかいろいろ挑戦したじゃない。超簡単でびっくりした。

佐藤　簡単簡単。うちの洗面台も赤いモザイクタイルの残りをもらって貼ってみたけど、1時間もかからずにできたし、目地を白にしたらかわいらしさが出て、満足でした。

【洗い出し】
ビー玉を入れたことが大正解

那須　さて、次の現場は洗い出しで、この現場は戸塚さんひとり部員でしたが、どうでした？　それにしても洗い出しはすごくいいよね。仕上がりがステキで、これは機会があったらやってみたい施行のひとつです。

戸塚　師匠はやっぱりプロだなと実感したのは、掃出しに向けて高低差を出す墨出し。それから、角材を使って、モルタルを平らにする技。あれはプロでないと、なかなか短時間でうまくできないと思いましたね。プロの手助けなしではむずかしかったと思うけど、一度やったから、次の現場はもう私が指導できます（笑）。

佐藤　あの作業は、日をまたいでやると、玄関使えなくなるから、一日でやったんでしょ？

ペンキ塗りは失敗したら塗り直せばいいという気楽さがいい

戸塚　いやいや使えないことはないらしい（笑）。ちゃんと板を通したりしてやるから。でも、夏場はあっという間に固まるから、一日見ておけば十分です。
那須　でもマンションの玄関ではちょっとハードル高いかな。水を使って洗い出すから。
戸塚　マンションでも水を流せるなら大丈夫だと思う。あと、ぞうきんやスポンジで水を使って吸い取っていくとか……結局拭いて、セメントを取り除いていく作業なので。
佐藤　うちはマンションだけど、踊り場に排水溝があるから、大丈夫かもしれない。何より、ビー玉とか貝とか埋められるのがいいねえ。
戸塚　あんなにいろいろと埋めてよかったんだというのが驚きで。でも、後でもっと入れてもよかったかもと思った。
那須　何回くらい水で流したり、スポンジで拭き取って洗い出しするの？
戸塚　うーん、少なくとも6、7回

はやったかな。
那須　そのあたりの勘どころは、やはり師匠がいないとむずかしい？
戸塚　初めてなら、やっぱり師匠の力は絶対必要です。

【ペンキ】
塗る面の広さで色の印象が変わる

佐藤　次はペンキの現場です。ペンキは初心者が一番最初に簡単に取り組めるDIYでしょ、やっぱり。
那須　そうですね。養生と色選びさえはずさなければ、誰でもできる。
戸塚　最近はどんな下地でも塗れるペンキが多いし。
那須　しかも、失敗したと思ったらまたその上から塗り直せばいいという気楽さが何よりだし。
みんなで壁を塗ったあと、調子づいてほかのところもいろいろ塗ったんだけど、ひとつ大失敗を告白します。玄関のタイルに直接ペンキを塗ったこと。すぐ、はがれて……、水周り

と同じだということを忘れてしまった。で、あわててもう一度防水用ニスを塗ったけど、それでもペンキと一緒に溶けてしまってぜんぜんダメだった。塗り方が悪かったのか、そもそも玄関にはペンキは合わないのか。
戸塚 頼るべき師匠がいなかったからね（笑）。
佐藤 何より迷うのが色選び。サンプルの小さい面で見ているのと、壁やドアなどの大きな面積で見るのとでは、まったく印象が違う。想像力が追いつかない。まあ、自分のうちなので誰にも文句は言われませんが（笑）。

【作り付け家具】
プレカットの素晴らしさを思い知る

戸塚 この家具作りは師匠がいなかったら、絶対やらなかった。
佐藤 むずかしいんだ。
戸塚 行程はシンプルで、設計図をきちっと描ければ大丈夫だとは思うけれど。材料はプレカットだけで切る必要もないし。
佐藤 そのサイズを正確に出さなきゃいけないわけだ。
那須 そう、そこがポイントですね。
戸塚 今回むずかしかったのは、出窓のところに取り付けるキャビネットだから、1ミリの狂いもなくぴったりと入れるテクニック。そこまでこだわらなくてもいいのかもしれないけど、なぜかこだわってしまったので（笑）。ピタリと収めるために、1〜2ミリ大きなサイズにした天板をヤスリで削りながら入れこんでいったんです。天板は無垢板で、もう重いのなんのって。その重い天板を何度も出したり、入れたり。
佐藤 ヤスリで!?　さすが匠の技だ。
戸塚 あとは引き出しもややむずかしかったかな。でも、一回箱を作ってしまうとレールを取り付けるだけだから……ピタッと！
那須 レールの位置がむずかしいんじゃない？

発作が起きたときに
暮らしがリニューアルされる

戸塚　レールは説明書を読んで組み立てられる人だったら、という条件付きですすめます（笑）。もっとものぐさい人はレールをつけずに、スベラーズテープを下につけてやってください。

那須　今回はこだわってレールを取り付けるという難易度の高いものに挑戦したわけだ。

戸塚　そう、重いCDを何枚も入れるという目的だったので。
仕上がりの良さは材質に左右されると思ったので、材料を安っぽいものにしたくなかった。外から見える天板と引き出しの表板には、無垢材を使いました。かなりお高くなったけど、手作りには見えないプロ仕様になったと思うんだけど、どう？

那須　いや、素晴らしいよ。仕上がり大満足でしょう？

戸塚　うん、それにコスト面でも満足。オーダー家具や、既製品だったとしてもあの値段（合計67,000円）では買えないと思うから。

佐藤　気合を入れてやっただけの価値はある。

戸塚　師匠さまさまの結果です。

自分でやるから
失敗しても引き受けられる

戸塚　今、高い安いという値段のことが出たけど、DIYの良さには経費を節約できるというポイントがあると思うんですが、そのへんはどう？

那須　すべてをトータルすると、DIYだと言ってもかなりのお金がかかった。でも、実際それをプロの人に丸投げしてやってもらったら、こんな金額ではすまなかっただろうし。

佐藤　自分たちの人件費と材料費のみだもん。

那須　コストは安い、しかし仕上がりはプロほどではない。でも、自分がこうだと思ったとおりにできるという利点はある。

佐藤　つまり、失敗した後も引き受けられる。プロにおまかせだと、気に入らなくてもダメ出ししにくいでしょ。私たち気が弱いから（笑）。

那須　手間も時間もかかるし、身体も痛めるし……仕上がりは、そこそこだし。コスト減だけのためにやるんだったら、おすすめはしないかな。
戸塚　じゃあ、全体としてどこに面白みがある？
那須　結局、自分主導でいろいろとできる、変えられるところかな。
佐藤　ずっと進行中で、いつでも変えられる。これでお仕舞いってことがない。でも、プロに頼んだら、はい、おわり！になるでしょ。生涯工事中が楽しいんじゃない？
戸塚　DIY発作が起きたときに、暮らしがリニューアルされる（笑）。

50代DIYのキモは 手抜き＋無理しない＋仲間

那須　若い人と50代のDIYの違いはなんでしょうね？
戸塚　大きな違いは……体力と気力。だけど、歳を取っていいところは、無理できないから、手放すことができる……つまり、プロにおまかせすることはお願いするという潔さがある（笑）。オトナの知恵とも言える。
佐藤　明日に持ち越さないぞと必死にやりきる力とか。
那須　持続力はないけど、明日になったらもうやれないという己の欠点をよくわかっていることね。
戸塚　今回よかったのは、道具の共有ができたことじゃない？　3人で持って使い回しができるっていうのも、高くていい道具が買えるひとつの方法。
那須　50代女子にとっては、便利な道具は強い味方になるし。
佐藤　それに、一緒にやれる仲間の存在も重要でしょう。一人でやるのはキツイし、つまんない。それに、女子だけでワイワイやる楽しさは格別じゃない？
那須　そう。誰か仲間を巻き込んだほうがいい。しかも、大胆さといい加減さもいい具合に合う人たち。
佐藤　そして、終わったあとのみんなでビール。
戸塚　そこです。

師匠からひとこと

DIYは決して安く仕上がるとは限りません。特に、完成レベルの目標が高い人や、作業時間を十分に取れない人は注意。場合によってはプロに頼んだ方が安いこともあります。あと、今回の場所のようにカビがひどい環境だと、漆喰のほうがよかったかもしれません。これから、プロと一緒に施工するというやり方が今後のDIYのスタイルの一つとして定着するかもしれませんね。［左官士・金澤萌］

電動工具はDIYの強い味方ですが、くれぐれも安全には万全の注意を払ってほしいです。ぎっくり腰くらいなら笑えますが、大きな怪我になればせっかくのリノベも台無しです。設計図はどんな小さなものを作る時でも描くことをすすめます。必要な材料や工程がしっかりと把握できるので。50代のリノベは、子育て世代と違って、材料費が潤沢なのが印象に残りました。［DIYアドバイザー・細川麻衣］

用語解説

あ行	あて木 [あてぎ]	材料などを傷つけないように緩衝材として使ったり、ずれやグラつきを押さえたり支えたりするために使用する木片
	洗い出し [あらいだし]	たたきや壁など、コンクリートの表面が硬化しないうちに、水で洗い流して小石や骨材を浮き出させる技法
	アマ	完全硬化する前の表面のセメント分のことをいう
か行	木取り図 [きとりず]	木工製作で、設計図を描いたあとに、各パーツの木材を一枚一枚、切り出すために描く板のレイアウト図
	切りかき [きりかき]	部材同士を接合するために、材料の一部を切り取ったり、切り込みを入れるところ
	切りしろ [きりしろ]	のこぎりの刃の厚み分
	釘締め [くぎしめ]	金槌で打った釘の頭をさらに材の面より中に打ち込むときに使う工具
	クランプ	材料を固定するための締め具。また、接着剤が乾燥するまで固定させておくときにも使う工具
	ケガキ線 [けがきせん]	切断予定ラインのこと
	木口 [こぐち]	木材の木目に対して直角の年輪が現れる切り口の面
	骨材 [こつざい]	モルタルやコンクリートを作るときに使用する砂利や砕石など混ぜ込む材料
	コテ	左官作業に使う壁や床の塗料を塗りつけるための工具。金ゴテ、木ゴテ、ゴムゴテなど様々ある
	コテ板 [こていた]	壁塗り、モルタル塗りには欠かせない材料をのせておく板
	コンクリート	セメント、砂、砕石、混和材、水を混ぜ合わせた混合物。時間が経つと硬化し強度を持つようになる。混合物の割合で特性が変わる。通常、建築物の構造材などに使う
さ行	サネ	フローリング材などを噛み合わせるのに付いている板の側面の凹凸部分。このサネを合わせるとずれたりしない
	下穴 [したあな]	木ネジや釘などを打ち込む前に、あらかじめあけておく穴のこと
	シーラー	下塗り塗料。コンクリートや木材など下地のアク防止、吸い込み防止のほか、密着を良くするために使用する
	充てん材 [じゅうてんざい]	穴や隙間を埋める材料。モルタル、パテ、シール、断熱材などがある
	水平器 [すいへいき]	水平を測定する器具。液体の中に入っている気泡の傾きで、水平かどうかが確認できる。水準器、レベルともいう
	スクレイパー	大きなカッターなようなもので、外面をこそげ取ったり、はがしたりするもの
	スチールウール	鉄線を綿状にしたもので粗さも2種類ある。研磨、仕上げなどに使うのが普通
	墨出し [すみだし]	施工現場で中心線や床・壁の仕上げ面の位置など、工事の基準となる線を印すこと
	墨付け [すみつけ]	材料や壁などに墨（鉛筆、ペンなど）で線や印をつけること

さ行	墨つぼ [すみつぼ]	墨を含んだ糸がつぼの中の糸車に巻き込まれている道具。糸の先についたピンを刺し、糸を張ってピンと弾くと直線が引ける
	セメント	石灰、粘土、アルミ化合物質などを主成分とするパウダー状の粉末。水を加えると反応して固まる。接着剤の役目をする
た行	妻手 [つまて]	差金の短い辺のこと
	ディスクグラインダー	ディスクサンダーともいい、砥石の役割をはたす。ディスクの種類を替えることによって、金属の切断、切削、研磨、ブロック、タイルの切断など、多種多様に使える道具
	研ぎ出し [とぎだし]	伝統工法のひとつで、人造石を砕石とモルタルを混ぜて塗りつけてカタチを作り、乾燥後に表面を砥石で研いで仕上げる技法
な行	長手 [ながて]	差金の長い辺のこと
は行	巾木 [はばき]	床と壁の継ぎ目の最下部に取り付ける細長い横板のこと。壁の下部を保護する役割もある
	バリ	木材を切断したときに切り口がささくれたり、欠けたりすることをいう。ヤスリ等でならす
	ビス	ネジのこと。フランス語が語源で短いネジのことで、金属板の取付けに用いられる短かいネジのことを指すなど、使い分けをしている傾向もあり
	ビット	ドライバードリルなどに取りつける先端工具。木材や金属の穴あけに使うビットを総じてドリルビットという。様々な大きさ、種類がある
	伏せ込み [ふせこみ]	左官作業の用語では、石を押し込んで表面を平らにすることをいう
	偏芯プラグ [へんしんぷらぐ]	タイルの目地やコンクリート、ブロックなど、ネジが空回りしてしまう部材に使用するもの。プラグとネジのダブル効果で締結感が強まる
ま行	マスカー	養生資材のことで、主に養生テープやマスキングテープにポリシートがついているものをさす。ポリシートの幅は10〜150センチまで様々ある
	マスキングテープ	養生に使う紙のテープ。粘着力が弱いのでどこに貼ってもきれいにはがせる。幅は15〜30ミリくらい様々ある
	見切り [みきり]	壁と床、タイル施工した部分と壁など、異なるものが合わさる境目のこと。見切り材を使って接合部分をきれいにカバーすることもある
	目地 [めじ]	レンガ、タイル貼りなどの個々の材料の間にできる継ぎ目をいう。その継ぎ目に目地材を入れて仕上げる
	面取り [めんとり]	木材の切り口の粗さをヤスリをかけてならすこと
	モルタル	セメントと水と砂を混ぜたもの。コンクリートとの違いは、砕石などの粗骨材が入っていないこと。外装の接着などに使う。コンクリートは砂だけでなく砂利も加えるので強度が高くなる
や行	養生 [ようじょう]	施工現場で、部材などが汚れたり、傷ついたりしないように、養生テープやマスキングテープ、マスカー、ブルーシートでカバーして保護すること
	養生テープ	作業箇所以外を汚さないために貼るポリエチレン繊維の布製のもの。手で簡単に切れるが粘着力は強い
ら行	ラス網 [らすあみ]	モルタルのひび割れを防ぐために、下地として使われる金網

ポット女子DIY部とは

50代の女性編集者3人がDIYに目覚め、自然発生した部。
活動はもっぱらそれぞれの自宅のリノベーション。
木工・ペンキ・珪藻土・タイル……とわりと何でもやりたがりだが、
気が向いたときにしか活動はやらない。
プロに頼る、道具に頼る、手を抜くがモットー。

師匠たちのプロフィール

金澤 萌 KANAZAWA Moe
左官士。83年東京生まれ。ものを作ることが幼少期から好きで、得意分野だった。2001年、ものつくり大学に第一期生として入学。建設業界全般のことを幅広く学ぶ。塗り手によって様々な壁を作ることができ、意匠性や左官の奥深さに魅了され、左官職人を志す。卒業後、当時は珍しかった女性の左官職人見習いを受け入れていた、原田左官工業所に入社。その後、小林左官工業所を経て、2013年marumo工房として独立。現在は「左官を身近なモノへ」をモットーに、現場での左官仕事だけではなく、DIY左官のお手伝いや、左官材でのワークショップ活動にも、力を入れている。一男の母でもある。
ホームページ　http://marumo-sakan.com/

細川麻衣 HOSOKAWA Mai
DIYアドバイザー。76年神奈川生まれ。子供のころから図工が好きで、6年生の時に木工で椅子を作り先生に褒められたことが、ものづくりに興味をもったきっかけとなる。大学は芸術学科に進み、彫刻を学ぶ。チェンソーなどを電動工具のすごさを知り電動工具が好きになる。大学卒業後、CMセット等を作る大道具の会社に勤務。CMセットは毎回違うもの、大きなものを作れることがおもしろくて6年間勤務。結婚退社した後、フリーで事務所や住宅のリフォームなどを手伝う。二男の母でもある。次男妊娠中にDIYアドバイザー資格取得するなど、パワフルなガテン女子。連絡、問い合わせはポット出版まで。

50代女子のリノベDIY

発行　2015年11月28日［第一版第一刷］
希望小売価格　1,600円＋税
編著　ポット女子DIY部
カバー・ブックデザイン　小久保由美
協力　金澤 萌、細川麻衣
イラスト　宮﨑玲子
写真　ポット女子DIY部、金澤 萌
発行所　ポット出版
　　　　150-0001 東京都渋谷区神宮前2-33-18 #303
　　　　電話 03-3478-1774
　　　　ファックス 03-3402-5558
　　　　ウェブサイト http://www.pot.co.jp/
　　　　電子メールアドレス books@pot.co.jp
　　　　郵便振替口座 00110-7-21168 ポット出版

印刷・製本　大日本印刷株式会社
978-4-7808-0224-5 C2077

Renovation + DIY Book for 50s women
by POT Women's DIY Club
Designer: KOKUBO Yumi
Special thanks to: KANAZAWA Moe, HOSOKAWA Mai

First published in Tokyo, Japan, Nov. 28, 2015
by Pot Pub.Co.,Ltd.
2-33-18-303 Jingumae, Shibuya-ku Tokyo,150-0001 JAPAN
http://www.pot.co.jp
E-Mail: books@pot.co.jp
Postal transfer: 00110-7-21168
ISBN 978-4-7808-0224-5 C2077

書籍DB●刊行情報
1　データ区分──0
2　ISBN──978-4-7808-0224-5
3　分類コード──2077
4　書名──50代女子のリノベDIY
5　書名ヨミ──ゴジュウダイジョシノリノベディーアイワイ
13　著者名1──ポット女子DIY部
14　種類1──編著
15　著者名1読み──ポットジョシディーアイワイブ
22　出版年月──201511
23　書店発売日──20151128
24　判型──A5
25　ページ数──112
27　本体価格──1600
33　出版者──ポット出版
39　取引コード──3795

本文　OKアドニスラフW・A判・T・46.5kg (0.16mm)・4/4C
オビ　アヴィオン・ホワイト・四六・Y・110kg・4/0C・マットニス
表紙　OKACカード・ましろ・四六・T・222kg・4/1C・マットPP
使用書体　こぶりなゴシック、中ゴシックBBB、ゴシックMB-101、Helvetica Neue LT Pro、Courier
組版アプリケーション　IndesignCC 2014

2015-0101-3.0　※書影の利用はご自由に。写真のみの利用はお問い合わせください。